JN046828

琉球風水志シウマが教える 2022年あなたの運勢

KODANSHA

九星気学って何？

九星気学と2022年の運勢について

はじめまして、琉球風水志のシウマです。私は、沖縄独自の琉球風水と姓名判断や九星気学などをもとにした数意学を用いて、これまでに10万人以上の鑑定をしてきました。昨年からフジテレビ系の『突然ですが占ってもいいですか？』に出演させていただいており、番組がきっかけで私のことを知ってくれた人もいるかもしれません。

九星気学に興味を持ち始めたきっかけは野球でした。私は熱心な野球少年で、高校時代には甲子園に出場したことがあります。大学まで真剣に取り組んだ結果、リーグ戦で盗塁王のタイトルを獲得することができました。成果を出せたのは、日々の練習の積み重ねでもあるのですが、大学に入ってから九星気学を戦略に取り入れ始めたことも大きな要因だったと思います。

九星気学とは、とても簡単に言うと、中国で生まれた占いで、暦を構成する要素のひとつとなっています。人は生年月日から必ずい

第1章

ずれかの九星に属しています（P7）。一白水星、二黒土星、三碧木星、四緑木星、五黄土星、六白金星、七赤金星、八白土星、九紫火星という9つで、人間の気を持っています。九星の基本性格については、P8～10を参照してください。

暦は、甲《きのえ》・乙《きのと》・丙《ひのえ》・丁《ひのと》・戊《つちのえ》・己《つちのと》・庚《かのえ》・辛《かのと》・壬《みずのえ》・癸《みずのと》という天の気を持つ「十干《じっかん》」と、子・丑・寅・卯・辰・巳・午・未・申・酉・戌・亥という地の気を持つ「干支《えと》」、人間の気を持つ「九星」とで成り立っています。ちなみに２０２１年の暦は、「辛丑六白金星」と表される年でした。暦は、天と地と人間の気を持っているため、毎年、毎月、さらに細かく見ると毎日組み合わせが変わるために、運気も変化していきます。私は、この暦を野球の戦略に取り入れたのです。

具体的にどのようにしたかというと、暦を見て、「今月は二黒土星の月だから、じっくり攻めるほうが向いている」「三碧木星の月だから、先制点を取りに行く必要がある」「七赤金星の月だから、チャンスをものにする意識を持つ」など重点をおくべきところを分析したのです。また、球場の方位を見て、ラッキーカラーをリストバンドやタオルなどに取り入れました。こうした工夫が大学時代の結果をもたらしてくれた一因だと私は思っています。

本書では、私が野球に取り入れた九星気学の活かし方を、「実生活への活かし方」に置き換えて、皆さんにお伝えしたいと思います。

先ほど、「二黒土星だからじっくり攻める」などと書きましたが、それぞれの九星には性格があり、その月に合った物事の進め方というものがあるのです。九星の性格は似ているものもあれば、かけ離れているものもあり、その傾向に沿った過ごし方をしていくと、自然と生活にリズムが生まれます。「仕事を頑張るとき」「しっかり遊ぶとき」「家族を大切にするとき」「職場の仲間をサポートするとき」など、月のテーマはバラエティに富んだものばかりなので、日常にメリハリを与えてくれます。きっと、あなたの人生を豊かにしてくれることでしょう。

この本の使い方と活用方法

この本では２０２２年の一年と各月について、九星を中心に、なるべくシンプルに、生活に取り入れやすい形にして、皆さんに届けたいと思っています。十干と干支の特徴については、その月の特徴を分かりやすく伝えるための補助として、少しだけ解説させていただくことにしました。構成についてですが、まずは２０２２年の年間の運勢をまとめており、そのあとにひと月ごとの運勢をまとめています。年間の過ごし方を押さえておかないと、各月の開運法を実践しても効果が薄くなってしまうので、新しい月が来たらその都度、年間の運勢のパートを読み返していただければと思います。

その中身は、総合運、健康運、仕事運、金運、恋愛運という５つの要素にわけて解説しています。その上で、開運法をお伝えするために、数意学から導き出したラッキーナンバー、暦との相性がいいラッキーカラー、ラッキーフード、ラッキーアクション、ラッキースポット、ラッキーアイテム、ラッキーデー、掃除するとよい方位と場所、そして、すべてを複合的に組み合わせたラッキー待受画像を紹介しています。ラッキー待受画像については、ご自身で画像を編集して、スマホの待ち受け画面に設定してください。

最後にそれぞれの九星に対して、ワンポイントアドバイスを書きました。先ほども言った通り、人は生年月日により、必ずいずれかの九星に属しています。それぞれの九星に対して、その月をより豊かに過ごすヒントになると思いますので、役立ててください。

また、勘違いが起こりやすい部分についてここで補足させていただきます。本書では、九星の名前が度々登場します。これは、年の暦、月ごとの暦のことを指しています。「生年月日により誰もがいずれかの九星に属している」と書くと、「自分の属する九星」と「年と月の暦としての九星」とがゴチャ混ぜになって、「よく分からない」ということになってしまいがちです。すべてを踏まえた読み方としては、「自分は生年月日から二黒土星に属している。2022年1月の暦は、六白金星の年の辛丑三碧木星の月とのことだ。さて、この月の二黒土星に対するワンポイントアドバイスは……」という形です。説明すればするほど深みにハマってしまいそうなのでこれくらいにしておきましょう。実際に読み進めていただければ、理解していただけるのではないかと思います。

九星早見表 令和4年(壬寅)

自分の九星を知るには、自分の生まれ年で確認を。3行目の「干支」も把握していると、より深く運勢を知ることができます。

五黄土星	四緑木星	三碧木星	二黒土星	一白水星	九紫火星	八白土星	七赤金星	六白金星
1932年 満90歳 壬申	1933年 満89歳 癸酉	1934年 満88歳 甲戌	1935年 満87歳 乙亥	1936年 満86歳 丙子	1937年 満85歳 丁丑	1938年 満84歳 戊寅	1939年 満83歳 己卯	1940年 満82歳 庚辰
1941年 満81歳 辛巳	1942年 満80歳 壬午	1943年 満79歳 癸未	1944年 満78歳 甲申	1945年 満77歳 乙酉	1946年 満76歳 丙戌	1947年 満75歳 丁亥	1948年 満74歳 戊子	1949年 満73歳 己丑
1950年 満72歳 庚寅	1951年 満71歳 辛卯	1952年 満70歳 壬辰	1953年 満69歳 癸巳	1954年 満68歳 甲午	1955年 満67歳 乙未	1956年 満66歳 丙申	1957年 満65歳 丁酉	1958年 満64歳 戊戌
1959年 満63歳 己亥	1960年 満62歳 庚子	1961年 満61歳 辛丑	1962年 満60歳 壬寅	1963年 満59歳 癸卯	1964年 満58歳 甲辰	1965年 満57歳 乙巳	1966年 満56歳 丙午	1967年 満55歳 丁未
1968年 満54歳 戊申	1969年 満53歳 己酉	1970年 満52歳 庚戌	1971年 満51歳 辛亥	1972年 満50歳 壬子	1973年 満49歳 癸丑	1974年 満48歳 甲寅	1975年 満47歳 乙卯	1976年 満46歳 丙辰
1977年 満45歳 丁巳	1978年 満44歳 戊午	1979年 満43歳 己未	1980年 満42歳 庚申	1981年 満41歳 辛酉	1982年 満40歳 壬戌	1983年 満39歳 癸亥	1984年 満38歳 甲子	1985年 満37歳 乙丑
1986年 満36歳 丙寅	1987年 満35歳 丁卯	1988年 満34歳 戊辰	1989年 満33歳 己巳	1990年 満32歳 庚午	1991年 満31歳 辛未	1992年 満30歳 壬申	1993年 満29歳 癸酉	1994年 満28歳 甲戌
1995年 満27歳 乙亥	1996年 満26歳 丙子	1997年 満25歳 丁丑	1998年 満24歳 戊寅	1999年 満23歳 己卯	2000年 満22歳 庚辰	2001年 満21歳 辛巳	2002年 満20歳 壬午	2003年 満19歳 癸未
2004年 満18歳 甲申	2005年 満17歳 乙酉	2006年 満16歳 丙戌	2007年 満15歳 丁亥	2008年 満14歳 戊子	2009年 満13歳 己丑	2010年 満12歳 庚寅	2011年 満11歳 辛卯	2012年 満10歳 壬辰
2013年 満9歳 癸巳	2014年 満8歳 甲午	2015年 満7歳 乙未	2016年 満6歳 丙申	2017年 満5歳 丁酉	2018年 満4歳 戊戌	2019年 満3歳 己亥	2020年 満2歳 庚子	2021年 満1歳 辛丑

※2022年の誕生日を迎えての年齢（満年齢）です。※色の濃い部分は2月4日が節分です（それ以外は2月3日、2021年は2月2日が節分）。※その年の節分までに生まれた人は、前年の九星・干支になります。

各九星の基本性格

九星によって基本性格や持つ運勢も異なります。私が考えたオリジナルキャラクターと一緒にご紹介します。

一白水星《いっぱくすいせい》

特徴：イメージは中年男性。中年に差し掛かると運気がアップします。

幸運期：32～36歳、41～47歳、50～55歳、60～63歳。

一見、気弱そうに見られがちですが、心が強い人。束縛を嫌い、孤独を好む傾向にあります。陰気だと誤解されやすいですが、本来は明るい性格で、この両面が垣間見えることから複雑そうと思われることも。自己防衛本能が強く、苦しみや困難に耐え抜く力は抜群です。一人の時間を大切にすると開運に繋がります。

二黒土星《じこくどせい》

特徴：母親のような立ち位置。特に、晩年に運気がアップします。

幸運期：43～46歳、52～56歳、61～65歳。

思いやりがあり、辛抱強く、人のためによく働きます。質素で物持ちがよく、財布のひもが固いのが特徴。堅実家のため、コツコツと貯蓄する用心深さを持ち、巨富を成すとまではいかずともお金には困らないでしょう。全責任を負って活躍するよりも、補佐的な役割のほうがより能力を発揮できる人です。

三碧木星《さんぺきもくせい》

特徴：青年のようなイメージ。早熟で比較的若いうちに幸運が訪れます。

幸運期：23～26歳、32～36歳、41～46歳。

若々しく積極的で、20代のうちに社会的頭角を現す人が多いです。負けず嫌いで目標に向かう行動力は素晴らしいですが、計画性はないため、失敗してから考え直すことも多々。自分本位で無理を押し通そうとする一面もあります。財運に恵まれていますが、ギャンブルには要注意。我慢強さが備われば大成するでしょう。

四緑木星《しろくもくせい》

特徴：若い女性のイメージ。若いうちから幸運が訪れ、結婚運あり。

幸運期：24～28歳、33～37歳、42～46歳、51～53歳。

素直で協調性がある一方、決断力が弱く迷いやすい性格。用心深いため、チャンスを逃しやすいです。ものよりも名誉を重んじ、財を築くのは苦手。固定収入は維持できますが、一定額が貯まると目的のために大金をはたきがちです。四方八方飛び回って人と接する仕事で力を発揮し、特に地位のある権力者の援助を受けると成功します。

五黄土星《ごおうどせい》

特徴：比較的晩年に運気がアップします。大成功か大失敗か波乱万丈。

幸運期：43～46歳、52～56歳、61～66歳。

白か黒か、好きか嫌いかをはっきりさせないと気がすまない性格。義理堅く、従順さと反抗心の両方を併せ持ちます。心優しい一面を見せたかと思いきや、突然暴君に変身し周囲を驚かせることも。安い土地を手に入れて、億万長者になる人も多いですが、ギャンブルは禁物！　謙虚さを忘れないことが成功の秘訣です。

六白金星《ろっぱくきんせい》

特徴：父親や目上の人というイメージ。中年以降、晩年に運気好調。

幸運期：42～46歳、51～55歳、60～66歳。

物事を、正しいか正しくないかで判断します。表面的には穏やかですが、とても神経質な一面も。意欲的かつ積極的ではありながら、激しさは秘めており、自尊心が強くワンマンになりがち。しかし、正義感は強く独立心は旺盛なので、組織のトップに立つことができます。結果を追い求める成果主義の人も多くいます。

七赤金星《しちせききんせい》

特徴：少女的な性格ながら、特に運気が好転するのは晩年以降。

幸運期：42～46歳、52～56歳、62～66歳。

説得力があり、皆をまとめるのが上手。賑やかなことを好み、人当たりはいいですが神経質なため、気を遣いすぎて疲れてしまうことも。贅沢かつ美味しいものに目がなく、オシャレ好きでもあるため浪費家になりがちですが、お金には困りません。異性関係も派手なため、失敗も多く、楽天的と気難しさの二面性があります。

八白土星《はっぱくどせい》

特徴：少年っぽさがあり、若いうちから金銭に恵まれます。

幸運期：43～46歳、52～56歳、61～66歳。

意志や自尊心が強く、融通が利きませんが、頭がよくて几帳面です。相続や継承という運勢も持っています。才能や感覚を活かすより、努力や耐久力を積み重ねていったほうが、実りが多く、才能も伸ばしていくことができ成功できます。気分にムラがあり、愛想がないため、第一印象はあまりよくないことも。

九紫火星《きゅうしかせい》

特徴：中年の女性のようなイメージ。美的センスが鋭く感性もあります。

幸運期：33～36歳、43～46歳、53～56歳。

頭脳明晰で感受性が強く、人の上に立つという天運があるため、エリートな人が多いです。鋭い判断力と先見の明があるため、目標へ向かって情熱的に進みますが、永続性はありません。怒りっぽいですが、根はさっぱりしている人が多いです。珍しいものが好きで、新しいものにもすぐ飛びつくという一面もあります。

2022年度年盤方位早見表

方位はそれぞれ持つエネルギーが異なり、九星は毎年位置が変わります。知っているとより運勢を把握しやすくなります。

●十干：壬　●十二支：寅　●九星：五黄土星

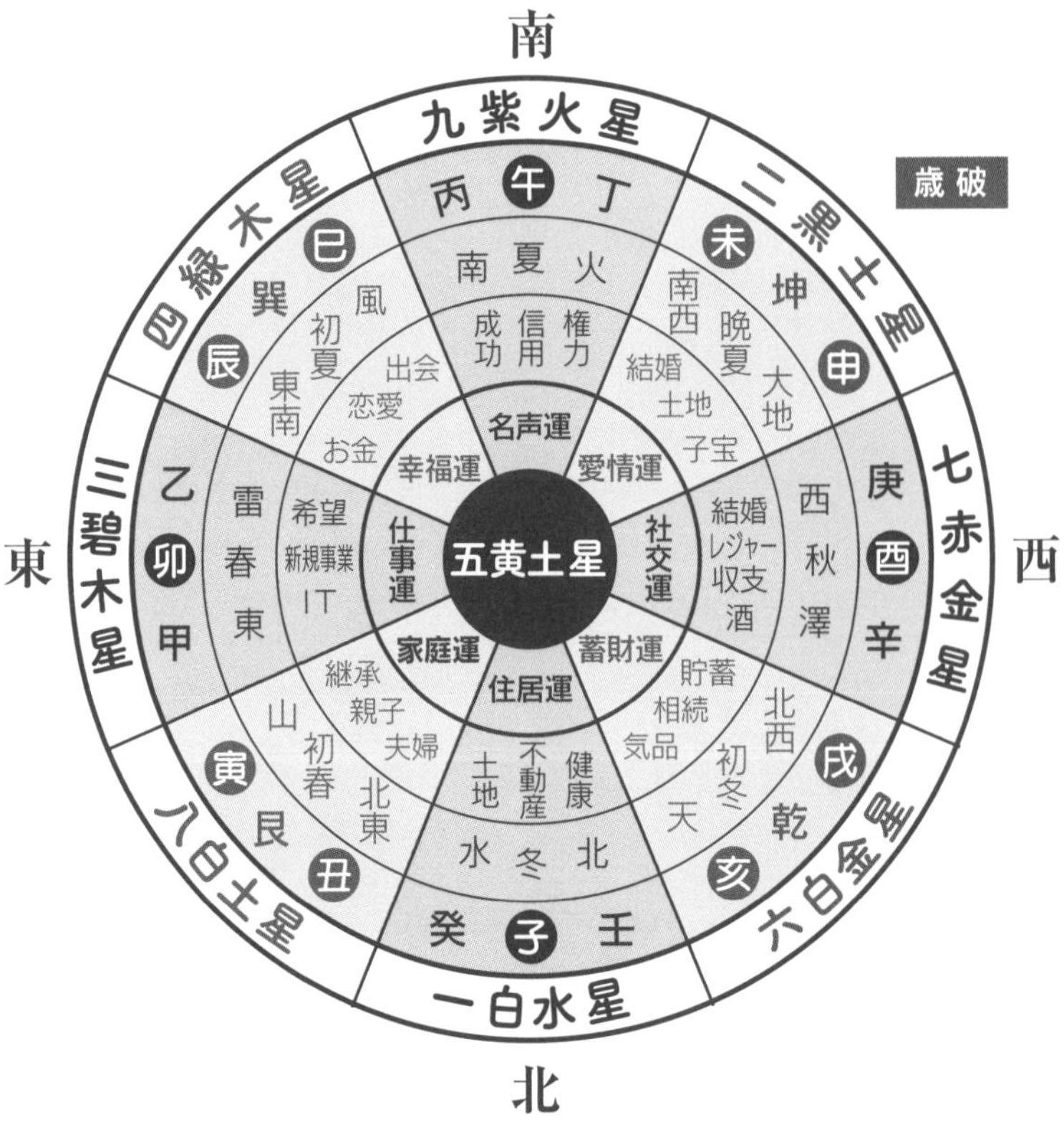

「歳破」は大きな動きをするときに気にするようにしてください。ただし、5日以上滞在しないのであれば問題ありません。

[この本の使い方]

運勢について

九星気学をもとに、琉球風水も取り入れながら解説しています。総合運は2022年やその月の全体的な運勢を、健康運、仕事運、金運、恋愛運の項目ではさらにその運勢についてピンポイントで解説。九星ごとのワンポイントアドバイス以外は、すべての人に当てはまる運勢となります。

カレンダーについて

日と曜日のほか干支、九星、旧暦、六曜、朔弦望（月の満ち欠け）を表記しています。その年やその月の九星と同じ九星の日は、よりそのパワーが強く出ます。メモ欄を活用し、写真に撮ってスマホなどで見るようにするのもよいでしょう。

ラッキー〇〇〇

2022年と各月のラッキー待受画像、ナンバー、カラー、アクション、アイテム、フード、スポット、掃除場所、日にちについて紹介しています。待受画像については下記を参考に、そのほかの項目については、説明文をよく読んでご自身の生活に取り入れてください。

ラッキー待受画像

ラッキー待受画像の欄に掲載しているイラストは、あくまでイメージになります。イラストと、ナンバーやカラーは説明文を参考に、自分で撮影した写真を加工して画像をつくってください。数字の入れる位置については、上を南側として示しています。

2022年の運勢

第2章

2022年、そして各月の運勢について解説していきます。
各月の最後にあるカレンダーもぜひ活用してくださいね。

CONTENTS

2022年の運勢◆総合運◆

基本に立ち返り、本領発揮

2月3日の節分を区切りとして、六白金星から五黄土星に九星が切り替わります。2022年は、11ヵ月間、この五黄土星の運勢が年間の運気として大きく働くので、その特徴と強み、そして弱点をしっかりと覚えておいていただきたいです。

暦は、**壬寅五黄土星**の年となります。五黄土星というのは、九星の中でいちばん癖の強い星。その特徴は「好き嫌いで物事を判断する」「曖昧を嫌う」「白黒はっきりさせる」「やられたら倍返しにする」「義理人情に厚い」「実力のない者を見下す」「自分を中心にしてまわりを動かしたがる」「おだてに弱い」「美についておろそかにしやすい」というものです。さらに、五黄土星はものを腐らせる、腐敗というような意味を持っているので、一般的にあまりよくない九星と捉えられがち。自然のエネルギーでは、マグマのエネルギーに当てはまり、爆発力がすごく、島をつくったり、地形を変えたりしてしまうくらいのエネルギーがあります。ですから、この爆発的なエネルギーが悪い方向に働くと、凶悪犯罪が増えると言われています。ちょっとしたケンカでもやり過ぎてしまうせいで、大事に発展してしまうのです。コントロール不能なほど、みなぎるパワーを秘めていると言えます。ただ、五黄土星の年は、九星すべてが本来の位置に戻る年なので、その強すぎるエネルギーを封じ込めることができます。手がつけられないほどのパワーが少し弱められるので、いい方向へ導くことができれば、有効活用できます。

では、そのエネルギーを有効活用するためにはどうすればいいのか。最大のキーワードは**「基本に立ち返る」**になります。九星が本来の位置に戻るので、無理なく過ごすことができる年になります。その人の本来の魅力を発揮すれば、運気はどんどん上がっていきます。その人本来の魅力とは、その人が持つ九星の性格のことですが、Ｐ８〜10にまとめていますので、ご確認ください。

五黄土星は「義理人情に厚い」という一面もあります。お願いされるとノーと言わない頼もしさがあり、「任せろ！」と言ってしまうのが五黄土星です。ですから、仕事を任されたり、助けを求められたりしたら、進んで力を貸してあげるようにしましょう。

やってはいけないことは、相手を潰してしまうような追い込み方をすること。**白黒はっきりさせるのは大切ですが、やりすぎはアウト**です。「ごめんなさい」が言えないというのも五黄土星の特徴で、２０２２年は人間関係が一度途切れてしまうと復活しません。ケンカをするときは、感情にブレーキをかける意識を忘れないように。

このように、五黄土星の年はいろいろな場面で我慢を強いられます。注意が必要なのは、我慢しすぎると、爆発したときの反動が大きくなること。うまくストレスを発散する方法を見つけましょう。

五黄土星の年は、成功と失敗がはっきりとわかれる一年になります。成功している人の真似をすれば成功するし、謙虚、自制の気持ちを持たないと容易に失敗してしまいます。長所と短所をしっかりと把握して、長所を伸ばし、短所を見直しましょう。自分を見直すのが苦手な人は、家族や友人に客観的な意見を求めるのもあり。また、一日の行動を振り返るために、日記をつけるのもよいでしょう。曖昧さを嫌う年になりますので、形にして残すことで忘れずにいられます。

LUCKY MACHIUKE

ラッキー待受画像

大きな柱（パルテノン神殿のようなイメージ）、もしくはマグマの写真のど真ん中に、自分がピンときたラッキーナンバーを、自分が好きなラッキーカラーで（ともにP18で紹介）。

九星ごとのワンポイントアドバイス

一白水星

体調管理をしっかり。

二黒土星

お腹の健康に注意。

三碧木星

冷え、乾燥に
気をつけて。

四緑木星

第三者からチャンスが。

五黄土星

謙虚な姿勢を
忘れずに。

六白金星

後輩の面倒をみよう。

七赤金星

まわりを楽しませる
ことを考えて。

八白土星

気分のムラを抑えて。

九紫火星

美意識を高めよう。

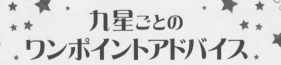

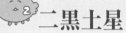

健康運

弱点を補って健康を保とう

健康診断をする

自分自身の見直しということから、健康診断をするといいです。特に、心臓や脈に関する不調が発見されることがあります。持病を抱えている人は、そのケアを怠らないように。各九星には以下のような健康の特徴があります。一白水星は九星の中で健康運がもっとも弱いので、全体的に注意が必要です。特に飲み過ぎや冷えに注意。二黒土星は、神経系、お腹が弱点になっています。三碧木星は、手足が弱点。冷え、乾燥に注意。四緑木星は胃腸が弱点。五黄土星は、心臓、脈に心配りを。六白金星は、食中毒にかからないように。七赤金星は喉、肺、口内に注意。八白土星は腰とお尻が弱点です。九紫火星は、首から上、髪のケア、目のケアをしましょう。

LUCKY COLOUR

ラッキーカラー

ブラウン、ダークイエロー

五黄土星は、自然界に当てはめるとマグマのエネルギーを持っていますが、養分のある土とも相性がいいです。肥料の色と覚えておきましょう。

LUCKY NUMBER

ラッキーナンバー

7、15、31

いずれも五黄土星の弱点を補ってくれる数字です。待受画像には、この中から自分の好きな数字を選んで入れるようにしてください。

仕事運

強みと弱みを理解し 謙虚さを忘れずに

うまくいく人と失敗する人が、白黒はっきりしてしまう一年になります。キーワードは**「成功者の真似をすること」**です。気をつけないといけないことは、謙虚さと思いやりの気持ちを持つことです。五黄土星は、とにかく強いエネルギーを持っているので、当たりが強くなってしまいます。揉めごとが起きると、相手を徹底的に潰しにかかってしまうし、やられたら倍返しという必要以上の報復をしてしまいがちです。「ごめんなさい」を言うのが苦手な年になりますので、ケンカに発展しないように、いつでもブレーキをかけられるように冷静でいることと、ストレスの発散法を持つようにすることが大切です。強いエネルギーは、使い方次第で毒にも薬にもなります。自分自身の強みと弱みを理解し、よい方向に向かっていく工夫が必要です。

LUCKY ITEM

ラッキーアイテム

アンティークの椅子

古いものと相性がいいです。また、九星が定位置に戻るということで、定位置を意味する「座る」に関連したものが開運アイテムになります。

LUCKY ACTION

ラッキーアクション

断捨離、家庭菜園

いるものといらないものにも、白黒をはっきりつけて断捨離していくといいです。迷ったら捨てましょう。家庭菜園は土の中で育つ根菜が◎。

金運

断捨離をして運気アップ！

仕事運と同じで、儲けられる人と損をする人がはっきりしてしまいます。また、「すべてを奪い取ってやろう」というくらいの貪欲さも五黄土星の特徴です。ガツガツと前のめりな性格も、結果を出しやすいことに繋がっています。それが必ずしも成功するとは言えないところではありますが……。収集癖があり、なんでも手に入れようという考えを持っているので、金運を上げるためには**「断捨離」をする**こと。捨てることで、ものを集めようという意識を抑えて、お金を貯める気持ちに繋げられます。お金をかけるのであれば、不動産投資。五黄土星はマグマ、地面のエネルギーを持っているので、土地を扱う不動産と相性がいいのです。すでに不動産を持っている人は、買い増しをするのもアリです。

LUCKY SPOT

ラッキースポット

温泉地

地熱があるところ、硫黄のニオイがするところがおすすめ。温泉地に行ったら、その土地のものを食べたり飲泉もよいです。

LUCKY FOOD

ラッキーフード

発酵食品、臭いもの

納豆やブルーチーズなど、癖のある食べ物も入ります。ヨーグルトは、プレーンで食べるよりも、フルーツなどほかの食材を混ぜて。

恋愛運

関係を明確にしてトラブル回避

五黄土星は美意識が低くなりやすい傾向にあります。女性は、特に身なりに気を遣うようにしてください。男性的なエネルギーが高まっているので、女性が〝オジサン化〟しやすい年になっています。恋愛運においては大きく運気を下げてしまうので注意が必要です。また、恋愛トラブルが増えてしまう傾向にあります。ポイントは、**曖昧な関係を清算する**こと。長く付き合っているカップルは、「結婚をするなら結婚する」、人に言えない恋愛をしている人は「別れるなら別れる」と明確にすることで、トラブルの数を減らすことができます。ケンカの仕方には十分注意が必要です。一度切れた縁は、もとに戻すことができません。綺麗さっぱり縁を切りたいなら構いませんが、不意のケンカでももとに戻れない関係になってしまうことがあります。

LUCKY DAYS

ラッキーデー

5月30日、11月24日

新月でリセット、また満月へ向かってスタートする日。この2日は、自分へのご褒美として、少しでも構わないので贅沢をしてほしい日です。

UNLUCKY DIRECTION

NG方位

南西

引っ越し、転勤、5日間以上の長期の旅行をするなら南西は避けて。5日以上行く場合は、健康チェックや慎重な行動を取ること。

1月の運勢◆総合運◆

何事もひと呼吸おいて、慎重な行動を

　1月は**辛丑三碧木星**の月になります。混乱しやすいので、まずは注意点を書いておきましょう。「三碧木星の月です」と書くと、「私は二黒土星だから関係ないのかな」と思う人がいるかもしれませんが、それは間違いです。ここに書く「三碧木星の月」というのは季節のようなものと捉えると分かりやすいです。季節に合わせて、起きやすい気象現象はある程度定まっています。夏は蒸し暑く、冬は寒くて乾燥し、梅雨はたくさん雨が降り、秋には台風到来……。季節それぞれの天気と同じように、三碧の月には、三碧の風が吹きやすいのだと覚えておいてください。つまり、「私は二黒土星で慎重な性格をしているけれど、今月は三碧木星の月だから、ここに書かれることに注意しなきゃいけないんだな」という気持ちで読んでいただけると、役立ててもらえるはずです。

　では、三碧木星はどんな風を吹かすのかということを詳しく解説していきましょう。

　三碧木星は、明るく元気、思い立ったらすぐ行動に移すという活発なエネルギーを持

っていることが特徴です。負けず嫌いな性格なので、相手と競《せ》ることで結果が出やすく、**自分から何かを掴みにいくという姿勢を取ることで運気が上昇**します。

三碧木星の性格を汲むと、「思ったままに突き進んでください！」と言いたいところなのですが、そうはいきません。1月はそのまま突き進むと失敗してしまいます。

なぜなら、2月の節分までは、前年の暦である六白金星の年が続いているからです。2022年1月の暦をより正確に表すと、「六白金星の年の辛丑三碧木星の月」となります。六白金星の特徴は、ルールに厳しく、律儀、正義感、結果主義、実力主義。地道な努力が実を結ぶという堅実な性格をしているのです。これは、三碧木星の勢い任せの性格とは相反していますね。このとき、年と月のどちらを重視すべきかで迷わないように注意しましょう。九星気学においては、月よりも年のほうが大きな影響力を持ちます。ですから、ここでは六白金星の特徴を土台に、三碧木星の動きをする必要があるということになります（年の暦を踏まえると「私は二黒土星の人間だけど、六白金星の年の大枠の中で、三碧の風が吹いているから、それに合わせて過ごせばいいんだ」と考えるのが正解です）。

以上を前提に、この月の過ごし方を考えていきましょう。三碧木星は行動力に溢れており、大変魅力的な九星ではありますが、アピールの仕方を間違えると、人と足並みを揃えることができない自分勝手な人だと思われてしまいます。また、考えるよりも先に行動を起こしてしまいがちなので、無計画さを指摘されることにもなりかねません。もともとやりすぎてしまう傾向もあるため、**「行動は慎重に」**という言葉を胸に刻んで過ごしてください。

「思い立ったら行動！」の、その前に準備をしましょう。新しく始めてみたいことができたら、「必要な道具を調べる」「共有できる仲間を探す」「身近な経験者に話を聞く」など、まずは**リサーチする癖をつける**ようにしましょう。事前に準備をすることで、失敗のリスクを格段に減らすことができます。

　三碧木星は猪突猛進なところがあるので、「聞く耳を持たない」「品が悪い」という印象を持たれがちです。そのため失敗すると、うしろ指をさされることがよくあります。いき過ぎた行動をしないように注意しましょう。

LUCKY MACHIUKE
★★★

ラッキー待受画像

晴れた日の海の写真を背景に、東側にラッキーカラーであるブルーの「5」を入れてください。

九星ごとのワンポイントアドバイス

一白水星

冷えに注意。

二黒土星

付き合う人は慎重に選ぼう。

三碧木星

挨拶を丁寧にしよう。

四緑木星

目上の人を立てよう。

五黄土星

他人を楽しませよう。

六白金星

自分ルールをひとつ削って。

七赤金星

目のケアをしよう。

八白土星

腰痛に注意。

九紫火星

感情のコントロールをしっかりしよう。

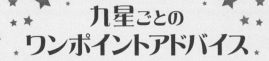

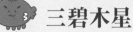

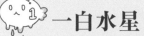

健康運

手足のケアと冷えに注意

三碧木星の弱点である手足のケアを忘れないようにしましょう。寒い時期ですので、**冷えは大敵**です。また、1月は一年の始まりの月になります。出だしからチャンスを掴めるように、特に**手のケアを重点的に**。指先がボロボロだと「ここぞ」というときにタイミングを逃してしまいます。ハンドクリームを塗って、ひび割れを防ぐなど気を遣うようにしてください。乾燥を防ぐほかにも爪を綺麗にするのも有効です。爪が割れていたり、伸びっぱなしになっている人は、やはりチャンスを逃してしまいます。爪を切り揃えたり、磨いたりすることはもちろん、ネイルサロンに通うのも◎。手は、誰も見ていないと思っていても、意外に見られています。意識を高く持って。

LUCKY COLOUR

ラッキーカラー

ブルー

ブルーは、冷静な判断、慎重な行動をもたらします。三碧木星は海とも相性がいいので、そもそも相性がいい色なのです。

LUCKY NUMBER

ラッキーナンバー

5

協調性、聞き上手という性格を持った数字で、行動力もあります。弱点を補いつつも、あなたの強みを活かしてくれるでしょう。

仕事運

一年の始まりは挨拶まわりから

何事も、即決しないことが大切です。うまい話だと思っても「一度、社に持ち帰らせていただいてもいいですか？」と、ひと息ついて冷静に検討するようにしてください。三碧木星は計算せずに動いてしまいがちな性格を持つので、総合運で解説した通り、まずは**情報を集め、準備する**ことを忘れないように。常に慎重さを意識することで、失敗を回避して円滑に仕事を進めることができます。

この時期は年始ということもありますので、**挨拶まわり**に力を入れてみてはいかがでしょうか？　三碧木星には、明るさと元気さというストロングポイントがあります。自然に笑顔になれる強みがあるので、それを活かしていきましょう。丁寧で着実な挨拶まわりをすることができれば、これまで振り向いてくれなかった取引先も興味を持ってくれるかもしれません。

LUCKY ITEM

ラッキーアイテム

楽器

音の鳴るものが運気を上げるので、ピアノやギター、管楽器などの楽器、そのほかCDやスマホなどの音楽が聴けるアイテムもよいです。

LUCKY ACTION

ラッキーアクション

電化製品を新しくする

三碧木星は雷のエネルギーを持っているため、電化製品との相性がいいです。買い替えるほかに、掃除をするだけでも有効です。

金運

浪費に注意。デジタル決済は◎

それほど金運はよくありません。三碧木星は思い立ったら使ってしまうという浪費癖があり、年末年始の流れが止められず、そのまま使ってしまいがちです。収支のバランスを分析して、**計画的にお金を使いましょう**。半月ごとにどれくらい使うかを決めておくと、浪費を防ぐことができます。予定以上の出費をしてしまうと翌月以降の金運が下がってしまいますよ。浪費しないように注意するだけでなく、スマホのアプリなどを使って家計簿をつけるなど、具体的に管理するように気をつけると、コントロールしやすくなります。また、支払い方法については、**デジタル決済を取り入れる**ことで運気が上がります。三碧木星は自然界に当てはめると雷のエネルギーがあるので、電子マネーなどと相性がいいのです。

LUCKY SPOT

ラッキースポット

海の見える場所

海辺のレストランなど海の見えるお店や海の見える席で、ラッキーフードでもある魚料理を食べるのが特におすすめです。

LUCKY FOOD

ラッキーフード

マグロ

魚の中でも特にマグロやイワシ、サバ、ブリなどのように回遊魚で、各地を泳ぎまわっているものがラッキーフードです。

恋愛運

デジタルデバイスで行動力アップ

恋愛に限っては**行動あるのみ**です。アプローチしないで何も起こらないほうが、アプローチをして失敗するよりも後悔するからです。バットは振らないと球に当たりません。ふだんは奥手なタイプの人も、三碧木星の行動力を味方にして、気になる人にアタックしてみるとよいでしょう。失敗しても挑戦したことに意味があるのが恋愛です。それに、成功率を高めるには、やはり行動を起こすのがいちばんの方法ではないかなと思います。

恋愛運を上げるためには、**デジタルデバイスをうまく取り入れる**ことをおすすめします。三碧木星は雷のエネルギーを持つため、デジタル製品と相性が◎。オンライン飲み会を開いてみる、SNSやマッチングアプリを出会いのきっかけにするなど、上手に活用しましょう。

LUCKY DAYS

ラッキーデー

1、2、3日

暦に関係なく、三が日は一年の中でとても大事な3日間です。ケンカをせずに笑顔で過ごすことを意識するだけで運気が上がります。

CLEANING PLACE

掃除するとよい場所

東、電化製品

午前中に掃除をするのが理想的です。テレビ画面、パソコンのモニターなど、デジタル製品の画面の掃除をすると、とてもよいです。

1月

睦月

辛丑・三碧木星

★＝ラッキーデー
×＝アンラッキーデー

日	曜日	干支	九星	旧暦	六曜	朔弦望	メモ
1	土・祝	甲寅	一白	11/29	先負		★
2	日	乙卯	九紫	/30	仏滅		★
3	月	丙辰	八白	12/1	赤口		★
4	火	丁巳	七赤	/2	先勝		
5	水	戊午	六白	/3	友引		
6	木	己未	五黄	/4	先負		
7	金	庚申	四緑	/5	仏滅		
8	土	辛酉	三碧	/6	大安		
9	日	壬戌	二黒	/7	赤口		
10	月・祝	癸亥	一白	/8	先勝		
11	火	甲子	一白	/9	友引		★
12	水	乙丑	二黒	/10	先負		
13	木	丙寅	三碧	/11	仏滅		
14	金	丁卯	四緑	/12	大安		

日	31	30	29	28	27	26	25	24	23	22	21	20	19	18	17	16	15
曜日	月	日	土	金	木	水	火	月	日	土	金	木	水	火	月	日	土
干支	甲申	癸未	壬午	辛巳	庚辰	己卯	戊寅	丁丑	丙子	乙亥	甲戌	癸酉	壬申	辛未	庚午	己巳	戊辰
九星	三碧	二黒	一白	九紫	八白	七赤	六白	五黄	四緑	三碧	二黒	一白	九紫	八白	七赤	六白	五黄
旧暦	/29	/28	/27	/26	/25	/24	/23	/22	/21	/20	/19	/18	/17	/16	/15	/14	/13
六曜	仏滅	先負	友引	先勝	赤口	大安	仏滅	先負	友引	先勝	赤口	大安	仏滅	先負	友引	先勝	赤口
朔弦望																	
メモ							×										

2月の運勢◆総合運◆

縁の下の力持ちとなり女性に優しく

2月3日が節分となっており、六白金星の年から五黄土星の年に切り替わる月です。年間の運勢（P14～21）を読み返して、まずは五黄土星の一年はどのように過ごすと運気が上がるのか復習しましょう。

さて本題に入りますが、2022年の年の暦は**壬寅五黄土星**です。そして、月の暦は**壬寅二黒土星**。気づいた方もいるかもしれませんが、2月は年の干支と月の干支が**壬寅**でかぶっています。それぞれ、壬は水のエネルギー、寅は変化のエネルギーを持ち、それが年と月とでふたつ重なるということで、**大雪や雪崩の事故に注意が必要**になります。自然災害については、遭わないように注意をしても見舞われてしまうというケースが多くあります。そのため、できることは準備を怠らないこと。大雪を想定して、雪用のタイヤを準備していたり、タイヤチェーンを車に積んでおいたりすると、ピンチを回避できます。

そもそも、雪の事故が起こりやすい暦なので、危険のある場所には近づかないのが原則です。それでも雪山などに行く必要があるというのなら、立ち入り禁止エリアには決して足を踏み入れないこと。ルールを守らないと雪崩事故に遭う危険性が高まります。

月の九星である二黒土星について解説していきましょう。この月は母性を持つことが大切な時期になります。人を育てたり、サポートしたりすることに長けているため、**自分が縁の下の力持ちになろうという気持ちを持つ**と運気が上がります。

また、女性に優しくする気持ちを持つようにするとよいです。女性も同性に優しくするようにしてください。祖母、母親、姉、妹、姪など**女性の家族とコミュニケーションを積極的に取る**ようにしましょう。

また、**〝お母さん〟に優しくする**というのも運気を上げてくれます。この〝お母さん〟というのは広い意味で、〝世の中にいるお母さんたち〟というイメージ。優しくすると言っても大げさなことをする必要はありません。子供を連れて歩いているお母さんに道を譲ったり、電車で席を譲ってあげたりするだけで運気が上がります。ケンカをしている場合は、この月を**仲直りのタイミング**にしましょう。二黒土星の持っているサポート気質や面倒見のよさ、相手の力になろうとする姿勢が、相手との隙間を埋めてくれます。ケンカをしてしばらく口をきいていない家族や、険悪になりそのまま疎遠になってしまった友人などには、自分から仲直りするきっかけをつくると、意外にすんなりと仲直りできるはず。また、ケンカをしている人たちの間を取り持つ能力も高いです。「私でよかったら、ふたりの話を聞こうか？」とサポート役にまわることで、仲違いしていたふたりの関係性を良好にすることができます。

二黒土星は、ものを大切にする気質があります。そのため**「質素」「倹約」**というのが開運のキーワードになります。物持ちがよくなるように心がけることもポイント。「洋服を脱いだら脱ぎっぱなしにしない」「家に帰ったらコートをハンガーにかける」「カバンなどの持ち物を綺麗に磨く」なども運気を上げる方法です。ただ、寅の月なので、「変化」という特徴があります。基本的にはものを大切にする気持ちで過ごし、壊れてしまったもの、客観的に判断して「もう使えないな」というものは、買い替えてもよいです。

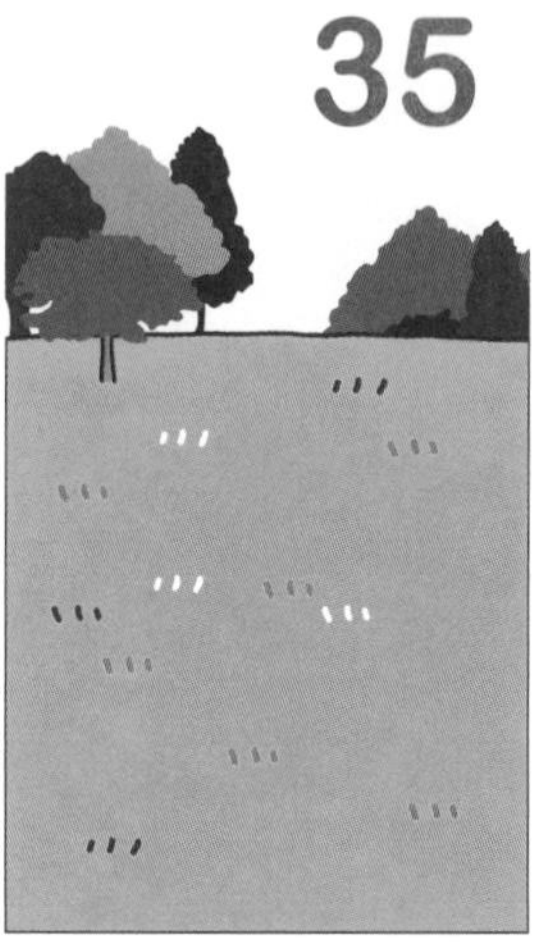

LUCKY MACHIUKE

ラッキー待受画像

綺麗な芝生の写真の南西側に、ラッキーカラーであるマゼンタ色の「35」を入れてください。

九星ごとの
ワンポイントアドバイス

一白水星

人に合わせよう。

二黒土星

体調管理をしっかりして。

三碧木星

空気を読んで。

四緑木星

イベントを楽しもう。

五黄土星

男性に優しく。

六白金星

頭皮のケアをしよう。

七赤金星

自分に気を遣って。

八白土星

決断したことは
曲げずに。

九紫火星

やりたいことを
書き出して。

2月の運別 開運ポイント

健康運

神経疲労や冷えからお腹を守って！

二黒土星は**お腹が弱点**です。サポート役を務めることが多く、気遣い屋なので神経疲労を起こしてしまいやすいのです。悩みごとなどで心の調子が崩れると、下痢になったり、便秘になったりして体調を崩してしまいます。逆に、お腹の調子が悪くなったことをきっかけに、神経疲労を起こしてしまうケースも。考え込みやすい性格なので、まずは**深く考えすぎない**こと、**頑張りすぎない**ことを意識してください。お腹の具合がよくないなと思ったら、「人のことで悩みすぎていないか」などのチェックを。

寒い時期なので、**冷えにも注意**。しっかりお腹まわりを温めることやお酒の飲みすぎには注意すること。お風呂に入り、体と心を温めて、しっかり睡眠をとりましょう。

LUCKY COLOUR

ラッキーカラー

マゼンタ

優しさに溢れていて、家族仲を保ってくれるという色です。特に女性との相性がいいので、身につけると運気が上がります。

LUCKY NUMBER

ラッキーナンバー

35

器用で、物事を上手に進めることができる数字で、真面目さ、心の優しさがあります。母性が強い二黒土星と合っています。

仕事運

話をよく聞き サポート役に徹して

サポート役に徹するようにしましょう。自分がメインの仕事でも、サポートしてくれる人をサポートする気持ちで。互いに支え合うことで円滑にプロジェクトが進められます。二黒土星はもともと参謀向きの気質があるため、この月は「プロジェクトリーダーがどんな人間であるか」で、あなたの仕事運は左右されます。誰につくかを選べるときには、信用できる人物を選ぶようにしましょう。

どんなリーダーの下についてもうまく立ちまわる方法は、**聞き上手になること**です。リーダーの価値観を知ること、方針を理解することは、組織の方向付けに関わるとても重要なことです。何か話したいことがあっても口を挟まず「まずは、黙って聞く」という姿勢を持つように。ひと通り話を聞くと必ず意見を求められる場面がやってきます。

LUCKY ITEM

ラッキーアイテム

陶器のマグカップ

プラスチックやステンレスではなく、土の素材からできた焼き物を使うと運気が上がります。特にマグカップがおすすめです。

LUCKY ACTION

ラッキーアクション

料理

母親からレシピを教えてもらうのも◎。料理する時間がない人は、買った惣菜でも容器から皿に移す、ゴマを散らすなどひと手間加えるだけでも。

金運

倹約することが金運アップへの近道

節約が金運アップに繋がります。月に10万円の予算を組んでいるとしたら、それをいかにして9万円に抑えるかという考えで動くと運気が上がります。

ポイントは**安くていいものを選ぶ**こと。お買い得品、セール品を狙うのは、この月に金運を上げる方法としては大正解です。合わせて、財布に溜まっている小銭は、こまめに貯金箱に貯めていくと節約に繋がります。

買い物中に、買うかどうか迷うものが出てくる瞬間があります。2月はズバリ、**迷ったら買わない**という選択をしましょう。変化のエネルギーを持つ寅の月でもあるので、本当に必要なものは買い替えるべきです。しかし、その流れに乗ってなんでも買い替えるのはNG。倹約が金運アップに繋がる月だということを忘れないように。

LUCKY SPOT

ラッキースポット

芝生

二黒土星は自然に当てはめると整備された土のエネルギーを持ちます。ハーブ園や整えられた芝生のある公園などに遊びに行くとよいです。

LUCKY FOOD

ラッキーフード

和食、母の味

にんじんやしいたけのように肉じゃがに入っているような野菜との相性◎。二黒土星は土と相性がいいので、根菜などを使い料理してみましょう。

恋愛運

今月は慎重に一歩踏みとどまって

恋愛には「慎重に慎重を期す」のが二黒土星の特徴。そのため、知人、友人から恋愛関係に発展することが多いです。キーワードは**「昔から知っている人」「いつも隣にいてくれる人」**。そういう間柄から運命の人が見つかるかもしれません。取引先などで、「いつもパートナーを組んでいて気になってはいたけれど、何も起こらなかった人」に連絡を取ってみると恋愛関係に発展する可能性も。
一方で、二黒土星の月はつい面倒を見たくなってしまう傾向があるので、「危なっかしい人」「放っておけない人」「ちょっとダメなところがある人」を見つけると「私なら支えてあげられるのでは」と、惹かれてしまいがちです。アバンチュールな恋にハマってしまうとヤケドをします。深追いしないように心がけましょう。

LUCKY DAYS
★★★
ラッキーデー
2、4、8、14日

2、4、8日は少額でも貯金すると運気アップ。琉球風水はイベントを楽しむことを大切にするので、バレンタインは少し羽根を伸ばしても◎。

CLEANING PLACE
★★★
掃除するとよい場所
南西、キッチン

家の南西側やキッチンを特に重点的に掃除しましょう。時間帯としては昼過ぎ（14時～16時頃）に掃除をするとよいです。

2月

如月

壬寅・二黒土星

★＝ラッキーデー
×＝アンラッキーデー

日	曜日	干支	九星	旧暦	六曜	朔弦望	メモ
1	火	乙酉	四緑	1/1	先勝		
2	水	丙戌	五黄	/2	友引		★
3	木	丁亥	六白	/3	先負		
4	金	戊子	七赤	/4	仏滅		★
5	土	己丑	八白	/5	大安		
6	日	庚寅	九紫	/6	赤口		
7	月	辛卯	一白	/7	先勝		
8	火	壬辰	二黒	/8	友引		★
9	水	癸巳	三碧	/9	先負		
10	木	甲午	四緑	/10	仏滅		×
11	金・祝	乙未	五黄	/11	大安		
12	土	丙申	六白	/12	赤口		
13	日	丁酉	七赤	/13	先勝		
14	月	戊戌	八白	/14	友引		★

日	15	16	17	18	19	20	21	22	23	24	25	26	27	28
曜日	火	水	木	金	土	日	月	火	水・祝	木	金	土	日	月
干支	己亥	庚子	辛丑	壬寅	癸卯	甲辰	乙巳	丙午	丁未	戊申	己酉	庚戌	辛亥	壬子
九星	九紫	一白	二黒	三碧	四緑	五黄	六白	七赤	八白	九紫	一白	二黒	三碧	四緑
旧暦	/15	/16	/17	/18	/19	/20	/21	/22	/23	/24	/25	/26	/27	/28
六曜	先負	仏滅	大安	赤口	先勝	友引	先負	仏滅	大安	赤口	先勝	友引	先負	仏滅
朔弦望														
メモ														

3月の運勢◆総合運◆

シンプルイズベストを意識して

3月は**癸卯一白水星**の月になります。癸も一白水星も水の作用が強く表れるという特徴があります。その作用を一言で言うなら**「曖昧」**。水は注いだ器によってどんな形にも変化する液体の性質を持っており、ひとつの形として固まらない流動的な存在です。そこから転じて、九星気学では物事を曖昧にする性質があると捉えられています。自分の思いも曖昧にしてしまうため、意見をはっきりと伝えるのが苦手。「どっちがいいか?」と聞かれたら、「Aがいいけど、Bも捨てがたいんだよね～」とゴニョゴニョ言い始めるのが一白水星の特徴です。相手からすると「結局どっちだよ!」とツッコミたくなるような状況ですね。そこで、この月のポイントは**「シンプルイズベスト」を意識して過ごす**ようにすること。まずは、イエスとノーをはっきりさせることから始めてみるとよいでしょう。

一方で、暦の一部である卯は、「分かりやすく」「シンプルに」「素早く」という特徴を持っています。その傾向に従って、流れに逆らわず、物事に柔軟に対応しながら、都度はっきりとした答えを出しましょう。また、卯はまわりの意見を聞くのが苦手なので、まわりの意見を素直に取り入れながら物事を進めていくとよいです。

また、「何をやってもうまくいかない」「うまく流れに乗れていないな」というときは、**飲み水を替える**のもアリです。期間は3週間を目安にしてください。体内の水がその期間で入れ替わります。癸、一白水星は水のエネルギーを持っているので、この月に水を替えると変化を実感しやすいと思います。仕事などがマンネリ化しているなという人はぜひ試してみてください。

一白水星のほかの特徴を挙げると、お金の使い方が下手くそという特徴があります。ですが、流れるように使うぶん、お金がまわってきます。しっかり儲けることもできるけれど、浪費癖があるのです。そのくせ、警戒心の強い一面もあります。出費するときは一気に使うけれど、一度警戒すると、とことん使わない。そこで、警戒したときにしっかり貯めることができる人はお金持ちになります。いま解説を読んで、「お金の使い方が下手なくせに、とことん貯蓄することもあるって矛盾していないか?」「やることが読めないな」と感じませんでしたか? その**分かりにくさが一白水星らしさ**です。一白水星にいちばん影響するのは、**まわりの環境**。環境という〝器〟に合わせて一白水星という〝水〟は形を変えます。そのため環境次第で浪費癖のある人にも、貯蓄できる人にもなりうるのです。「水が合う」という言葉がありますが、その風土に馴染んでいるかどうかで、能力が活かせるか大きく左右されるのが一白水星の月の特徴です。

ほかにも、一白水星は目に見えないものに強いという傾向があります。具体的には、ITに強いです。有名なIT長者を調べてみると一白水星の人が多いのです。そして、九星の中でいちばん健康運が弱いのが一白水星。この時期は気をつけすぎて、健康オタクになる傾向も。でも、それくらい健康に気をつけないと、すぐに体調を崩してしまいます。

ここまで説明をしてきましたが、詳しく説明するほど、分かりにくくなりますね。考えれば考えるほど深みにハマってしまうのが一白水星なのです。複雑だからこそ、なるべく明快に。結局は「シンプルイズベスト」です。

LUCKY MACHIUKE

★★★

ラッキー待受画像

できたての美味しそうな鍋の写真の北側に、ベージュの「8」を入れて。鍋の種類はなんでもOKです。

九星ごとのワンポイントアドバイス

一白水星

シンプルに決断して。

二黒土星

目上の男性に優しく。

三碧木星

夜更かしをしないように。

四緑木星

腰痛に注意。

五黄土星

身なりを整えよう。

六白金星

深く考えすぎないように。

七赤金星

他人の世話はほどほどに。

八白土星

まずは動いてみよう。

九紫火星

仲間とのコミュニケーションを大切に。

3月の運別 開運ポイント

健康運

油断大敵！ 冷えとお酒に注意

一白水星は健康運が最も低い九星です。そこで**冷えに注意**してください。冷えは万病のもとと言われますし、3月はまだ寒いです。油断をするとすぐに体調不良を起こしてしまいます。特に**お酒の飲み方には注意**が必要です。一白水星はお酒で失敗をすることも多いです。送別会シーズンなので酒の席が増えますが、くれぐれも羽目を外しすぎないように。アルコールは体を冷やし、体内の水を変化させます。理想は飲まないようにすることですが、それが難しい場合は量を減らすようにしましょう。鍋などの温かい料理を食べたり、運動をしたりするのも◎。運動は激しさよりも体を温めるという意識を持って。じんわり汗が出るくらいのジョギングやヨガなどが有効です。

LUCKY COLOUR

ラッキーカラー

ベージュ

水の特徴を持った月はどのような流れになるかが分かりません。そんなときは何にでも対応できる万能なベージュを合わせるとよいです。

LUCKY NUMBER

ラッキーナンバー

8

健康に強い数字です。「コツコツ型」「粘り強い」「頑固」という、守りに強い数字でもあるので、一白水星の弱点をサポートしてくれます。

仕事運

文字を書き残すなどしてトラブル防止を

曖昧にして返答を引っ張らずに、素早く、分かりやすく伝えるように気を遣うとよいです。3月は引き継ぎの季節でもあります。メールや引き継ぎノートなど、**文字として書き残す**と混乱が起きにくくなりますよ。相手には「こういう内容のメールを送っておいたからね」というところまでしっかり伝えるようにしましょう。言った、言わないで揉めることが多くなる月なので、**形に残す工夫が必要**です。

また、お酒の席で仕事の話をするというのも避けましょう。大事な話はシラフのときにしないと、曖昧なやり取りになってしまいます。コツコツと仕事をしている人は流れに乗りやすく、いい加減な人はどこかでつまずいて振り出しに戻るということが起こりやすい時期になっています。丁寧な仕事を心がけましょう。

LUCKY ITEM

★★★

ラッキーアイテム

メモ帳、ペン

書き残すこと、スケジュールを書くことで仕事運アップ。スマホにメモを残すのでもOK。頭の中に残すというのは後日確かめられないので×。

LUCKY ACTION

★★★

ラッキーアクション

筋トレ

程よい筋トレは代謝を上げてくれます。ストレッチも◎。ポイントは、無理しないこと。自分に合ったトレーニング量と内容でおこなって。

金運

相手に貢ぐのでなく自分のために使おう

金運と恋愛運は連動しています。恋愛に対して、**財布の紐がゆるくなり、男女ともに相手に貢ぎがち**な傾向があります。甘えられるがままについお金を使ってしまうなど、恋愛に溺れて浪費することを避けられれば、お金を貯めることができます。総合運でも触れた通り、あるお金はどんどん使ってしまうのが一白水星の月になっています。恋愛についてはあらかじめ、使ってしまいがちだという警戒感を持っていると、金銭感覚を意識することができるのです。

予算管理が難しくなってしまう時期なので、飲み代と恋愛交際費については選んで使うようにしてください。健康運が下がる時期ですので、お金を使うなら、健康関連へまわしましょう。**他人に使うより、自分を守る使い方をするほうが堅実**です。

LUCKY SPOT
★★★
ラッキースポット
スーパー銭湯

砂風呂、酵素風呂、岩盤浴、よもぎ蒸しなど種類はいろいろありますが、体を温められる場所として運気を上げてくれます。

LUCKY FOOD
★★★
ラッキーフード
鉄、亜鉛を含む食べ物

体を冷えから守ってくれる小松菜、昆布のような海藻、火鍋や水炊きなどの鍋物。ラーメンやうどんなどスープに浸っている食べ物も◎。

恋愛運

ズルズルした関係は友人の意見を重視

いい出会いも悪い出会いも多く、隙ができやすくなるので、すぐに深い仲になってしまいます。また、何も考えないでいるとズルズルと進んでいってしまうことも。「この恋愛は正しいのか」と悩んだら、友人に相談するとよいです。**賛成されたらゴー、反対されたら基本的にはストップ**という判断をしましょう。

そして、「私たちってどういう関係なのかな?」という付き合い方をしている人は、曖昧な関係を一度確認しないといけません。「ズルズル引きずるような関係性自体が悪いので、終わりにしましょう」というわけではありません。ふたりで話し合って決めたのであれば、それもアリです。大切なのは**互いの意思確認をする**こと。このタイミングで一度整理をする必要があるということです。

LUCKY DAYS

ラッキーデー

3、9、14日

3日はひな祭り、14日はホワイトデーです。琉球風水の観点から、イベントは大いに楽しんでいただきたいです。

CLEANING PLACE

掃除するとよい場所

北、風呂場

一白水星の定位置である北の方位と、体を温める場所の象徴であるお風呂場は、掃除をすると運気が上がっていきます。

3月

弥生

癸卯・一白水星

★＝ラッキーデー
×＝アンラッキーデー

日	曜日	干支	九星	旧暦	六曜	朔弦望	メモ
1	火	癸丑	五黄	1/29	大安		
2	水	甲寅	六白	/30	赤口		
3	木	乙卯	七赤	2/1	友引		★
4	金	丙辰	八白	/2	先負		
5	土	丁巳	九紫	/3	仏滅		×
6	日	戊午	一白	/4	大安		
7	月	己未	二黒	/5	赤口		
8	火	庚申	三碧	/6	先勝		
9	水	辛酉	四緑	/7	友引		★
10	木	壬戌	五黄	/8	先負		
11	金	癸亥	六白	/9	仏滅		
12	土	甲子	七赤	/10	大安		
13	日	乙丑	八白	/11	赤口		
14	月	丙寅	九紫	/12	先勝		★

日	31	30	29	28	27	26	25	24	23	22	21	20	19	18	17	16	15
曜日	木	水	火	月	日	土	金	木	水	火	月・祝	日	土	金	木	水	火
干支	癸未	壬午	辛巳	庚辰	己卯	戊寅	丁丑	丙子	乙亥	甲戌	癸酉	壬申	辛未	庚午	己巳	戊辰	丁卯
九星	八白	七赤	六白	五黄	四緑	三碧	二黒	一白	九紫	八白	七赤	六白	五黄	四緑	三碧	二黒	一白
旧暦	/29	/28	/27	/26	/25	/24	/23	/22	/21	/20	/19	/18	/17	/16	/15	/14	/13
六曜	赤口	大安	仏滅	先負	友引	先勝	赤口	大安	仏滅	先負	友引	先勝	赤口	大安	仏滅	先負	友引
朔弦望																	
メモ																	

4月の運勢◆総合運◆

新しいこと、流行のものに敏感に

暦は**甲辰九紫火星**の月になります。九紫火星は感覚的に優れており、流行に敏感なところがいちばんの特徴です。また、派手好きな性格をしています。フットワークが軽いことは持ち味ですが、感覚的で考えなしに動いてしまう弱点もあります。思ったことをそのまま口に出してしまうので、余計な一言を発してしまいがちです。**「口は災いのもと」という言葉を肝に銘じて**おきましょう。

甲辰は**新しいこと、難しいことに挑戦するのに向いている時期**です。行動的になりますし、チャレンジ精神に溢れているので、4月というスタートの季節には合っています。ただ、感情がたかぶって自分だけが盛り上がってしまうと、周囲を置き去りにしてしまいます。高校デビューするつもりで派手に登場したら周囲にポカンとされる、そんなイメージです。空気を読まずに空まわりするということがないように注意が必要です。春は出会いの季節。九紫火星はよくも悪くも第一印象を相手に強く残します。注意が必要な点を挙げるなら、まずは**不用意な発言をしない**ことと、**言葉の使い方に注意**すること。感情がたかぶるとつい語気が強くなってしまい、きつい言い方になってしまうということは誰しも経験があるはず。「初対面なのに高圧的だな」と思われてしまわないように自分をコントロールするようにしましょう。カッとなって口に出した言葉は敵をつくってしまいます。

なので、感情的になってしまいそうだなと思ったら一度、気持ちをリセットするために席を外すのがおすすめです。そのときに、チョコやガム、アメ玉やタブレット菓子などを口にして心を落ちつかせましょう。口にものを入れると、余計なことを言わないように口をふさぐことができますし、甘いものを食べることで、熱くなった気持ちをクールダウンさせることもできるので、お菓子を食べるというのは効果的です。

九紫火星の開運法ですが、基本的にミーハーな性格をしているので、**流行りものを追っていく**ほうがいいです。特に美意識を高めると運気が上がるので流行りの美容グッズを試してみるとよいでしょう。あれもこれも試すというのは現実的に難しいので、調べるだけでもOKです。男性も例外ではありませんよ。男性用の美容グッズも最近はとても売れているそうなので、この機会に興味を持ってみるとよいでしょう。いずれにしても身なりを整えるということで運気は上がります。身なりというのは服装だけでなく体型も含まれます。シュッとしたスタイルを目指して、食事を見直したり、運動を始めるというのもよいです。

九紫火星は自然界のエネルギーを当てはめると火に当たります。夢中になると、ものすごい集中力を発揮するという長所もありますが、一方で冷めやすいところがあります。流行りに次々と目移りしてしまい、長続きしないというところは弱点にもなります。どちらかというと継続が苦手なタイプです。

九紫火星にとってのNG行動は、世の中の最新の流行、トレンド情報を得ようとしないこと。スマホで簡単にいろいろなことが調べられる時代ではありますが、時間があるなら街へ出てお店に行ってみましょう。そのほうが身になります。この月は「流行りものなんて興味がない」と言わずに、**柔らかい頭で情報収集する**ことも開運のカギになっています。頑固はアウトです！

LUCKY MACHIUKE

★★★

ラッキー待受画像

流行りや人気のモデルの写真で、南側に「17」を。文字はピンクゴールドか、バイオレットゴールド、バイオレット、ゴールドでもOK。

九星ごとのワンポイントアドバイス

一白水星

スキルを上げよう。

二黒土星

ケチらないで。

三碧木星

強気な姿勢はほどほどに。

四緑木星

優柔不断はやめよう。

五黄土星

深酒は控えて。

六白金星

目上の人に優しく。

七赤金星

他人より自分を優先して。

八白土星

人嫌いをやめよう。

九紫火星

言動に注意。

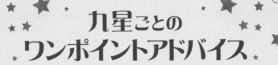

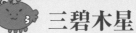

4月の運別 開運ポイント

健康運

髪の毛と目のケアを忘れずに

首から上の部分に注意が必要です。特に**髪の毛のケア**には気を配りましょう。4月は、トレンドに敏感になり、美意識を高めることが開運法。髪型は見た目の印象を左右する要因のひとつです。髪を染めることは構いませんが、髪がダメージを受けたぶん、トリートメントにこだわったり、美容院でケアしてもらうことが大切です。

また、首から上を守るということで、**目のケア**も重要になります。ふだんからコンタクトレンズをつけている人はつけたまま寝るなんてことがないようにしましょう。ダメージを減らすためには装着時間を減らしたり、スマホやパソコンを見る時間を減らしたりすることも効果的。ブルーベリーを食べるなどもよいでしょう。

LUCKY COLOUR

ラッキーカラー

ピンクゴールド

暖色系にゴールドが混ざっている色が◎。バイオレットゴールド、オレンジゴールドなども。ゴールドのキラキラ感は長所を伸ばしてくれます。

LUCKY NUMBER

ラッキーナンバー

17

魅力溢れる数字で、美に強いという特徴があります。自分磨きに長けているので、九紫火星の長所を伸ばしてくれます。

仕事運

失敗を恐れず ひらめきを大切に

この月は、感覚で動くと結果が得られるという月です。どちらかというとデータや計算よりも**ひらめきを大切に**してください。企画会議でアイデア出しをするときに、ひらめき力が湧いてくるというのが九紫火星の月の特徴です。ふだんから流行を追う癖をつけておくと、こうした会議の場で役に立ちます。課題の解決法を探しているときに、最新のトレンド情報がヒントになることは意外に多いと思いますよ。

チャンスを与えられたら、失敗を恐れずに意見を出すようにしましょう。九紫火星は感覚が鋭く批評する力があります。プレゼンや会議は得意分野なので、うまく進められます。とはいえ、調子に乗らないように。せっかくいい意見を出しても、伝え方を間違えると損をしてしまいます。

LUCKY ITEM

ラッキーアイテム

リップクリーム

口が災いのもとになるので、口元をケアするように。アメ玉を舐める、清涼感のあるタブレット菓子を食べるなども効果があります。

LUCKY ACTION

ラッキーアクション

髪のケアをする

美容室に行って髪のケアをするとよいです。これまで挑戦したことのない流行りの髪型にするのもアリでしょう。

金運

我慢するくらいなら お金は使っても◎

お金をかけるなら流行のものやトレンドのものに。特にオシャレには何かとお金がかかります。化粧品や美容家電、お風呂用品などの美容関連の商品だけでなく、美容院やネイルサロン、脱毛サロンなど、美容施設も街にたくさん溢れていますからね。ふだん美容についてあまり関心を持っていない人にとっては、そこに投資するのは少し勇気のいることかもしれません。でも、今月は九紫火星の月です。お金は**我慢するよりも使ってしまったほうがよい**という傾向があるのです。ときには思い切りが必要と割り切って、オシャレを楽しんでください。ふだん設定している月の予算を少しオーバーしても構いません。正しくお金が使えていれば、そのぶん得る機会も必ずやってきます。**美容関連にお金を使う**と金運が上がります。

LUCKY FOOD
★★★
ラッキーフード
写真映えする食べ物

甲辰は派手でオシャレなものが好き。カラフルな食べ物やどデカメニューなど、思わず写真に撮りたくなる食べ物にチャレンジしてみましょう。

LUCKY SPOT
★★★
ラッキースポット
流行りの店

流行りの街や人気のあるところも運気を上げてくれます。流行の最先端の場所をリサーチして行ってみましょう。

恋愛運

見た目を整え積極的に行動を

九紫火星は自然界のエネルギーに当てはめると火となります。熱しやすく冷めやすいということが転じて、ひとめぼれしやすく、目移りしやすいという時期です。

恋愛運アップのためには、見た目を整えることがポイントとなります。流行りの髪型を取り入れてみたり、オシャレなファッションをしてみたり、いつも以上に高い美意識を持つようにしてください。健康運を上げるように生活していくと、恋愛運も相乗効果で上がっていきます。気になる相手がいるなら自分の**感情を抑えずに積極的にアピール**を。自分自身を魅力的に見せる力があるので、攻めるが吉です。ここでも忘れてはならないのは、口は災いのもとだということ。恋が実りかけたとしても、余計な一言が原因で最後の最後で掴み損ねることがあります。

LUCKY DAYS

ラッキーデー

1、15、29日

15日は五黄土星の日になるので、美意識が低下しがち。美容院に行って運気を高めると最強の日になります。1日はエイプリルフールを楽しんで。

CLEANING PLACE

掃除するとよい場所

南、鏡

鏡は自分を見るものであり、美意識を高めるものでもあります。特に、11時から13時の間に磨くとよいでしょう。

4月

卯月

甲辰・九紫火星

★＝ラッキーデー
×＝アンラッキーデー

日	曜日	干支	九星	旧暦	六曜	朔弦望	メモ
1	金	甲申	九紫	3/1	先負		★
2	土	乙酉	一白	/2	仏滅		
3	日	丙戌	二黒	/3	大安		
4	月	丁亥	三碧	/4	赤口		
5	火	戊子	四緑	/5	先勝		
6	水	己丑	五黄	/6	友引		
7	木	庚寅	六白	/7	先負		
8	金	辛卯	七赤	/8	仏滅		
9	土	壬辰	八白	/9	大安		
10	日	癸巳	九紫	/10	赤口		
11	月	甲午	一白	/11	先勝		×
12	火	乙未	二黒	/12	友引		
13	水	丙申	三碧	/13	先負		
14	木	丁酉	四緑	/14	仏滅		

日	30	29	28	27	26	25	24	23	22	21	20	19	18	17	16	15
曜日	土	金・祝	木	水	火	月	日	土	金	木	水	火	月	日	土	金
干支	癸丑	壬子	辛亥	庚戌	己酉	戊申	丁未	丙午	乙巳	甲辰	癸卯	壬寅	辛丑	庚子	己亥	戊戌
九星	二黒	一白	九紫	八白	七赤	六白	五黄	四緑	三碧	二黒	一白	九紫	八白	七赤	六白	五黄
旧暦	/30	/29	/28	/27	/26	/25	/24	/23	/22	/21	/20	/19	/18	/17	/16	/15
六曜	友引	先勝	赤口	大安	仏滅	先負	友引	先勝	赤口	大安	仏滅	先負	友引	先勝	赤口	大安
朔弦望																
メモ		★														★

5月の運勢◆総合運◆

慎重に一歩一歩進めるイメージで

暦は**乙巳八白土星**の月になります。自然界のエネルギーに当てはめると『山』。「山の天気は変わりやすい」と言われるように、**予測不能**な月になります。計画通りに物事が進まず、とにかく先が読めないということが特徴になっています。身のまわりの状況も山の天気と同じように、刻々と変化していきます。そのため思い込みや決めつけは厳禁。この月を上手に過ごすカギは「何か起こるかもしれない」と、常に警戒することです。無謀な冒険はせずに、**石橋をたたいて渡るくらいがちょうどいい**と心得てください。

八白土星の性格は、真面目で、慎重に慎重を期すタイプ。地道にコツコツと前進するため堅実という言葉がよく似合います。山のエネルギーに対応するためにこのような性格になったとも言えますね。

物事の進め方についてですが、4月の九紫火星のように**派手に勢いよく進める**

というよりは、着実にこなすという方向がよいでしょう。4月が出会いの季節で、きっかけづくりの月だったとすると、5月は地固めをする時期になります。こうした月ごとの役割を意識して進めれば、必ず翌月にいいバトンを渡すことができるでしょう。

これまでに十分準備を進めてきた人は、物事を仕掛ける動きをしても構いませんが、「思い立ったから始めました」と準備不十分で挑戦をすると失敗します。どうしても取りかからなければならない理由がなければ、基本的に「いまは次に仕掛ける準備をする時期だ」という気持ちで足元を固めるように。

4月が九紫火星で外の世界に目を向ける月だったとしたら、5月は内側、つまり**家族に目を向けるべき月**になります。この月は家族に振りまわされやすい傾向があるのです。八白土星には、継承という意味づけが含まれています。継承というと、先代から地位を継ぐ、家を継ぐ、責任を継ぐなどのイメージが連想されますが、どれも男性的な意味合いの強い言葉になっていますね。そこから、家庭の中でも祖父、父、兄、弟など男性の家族とのトラブルが起こりやすい時期とされています。男性の家族とこまめにコミュニケーションを取ることでリスクを回避することができます。この月は、あえて家族にお金をかけるのもよいでしょう。旅行に行ったり、食事に誘ったり、プレゼントを贈ったり、こうしたアクションを起こすことでふだんのコミュニケーション不足を補うことができます。

運気をアップさせるには、**表情を豊かにする**ことがポイントです。八白土星は無愛想だという特徴もあります。表情で自分の気持ちを相手に伝えるのが苦手なせいで、「怒っているの？」などと聞かれてしまうこともしばしば。第一印象で損をしやすいのです。一方で、相手に理解してもらうことができれば、どんどん深い仲に発展するという長所もあるので、初対面のときに勘違いをされないようにふだんから笑顔の練習をするようにしましょう。おすすめの方法は、出かける前に鏡を見て笑顔をつくってみること。登校前や出勤前に取り入れると、笑顔を意識するきっかけになりますし、仕事モードのスイッチを入れるアクションになります。試してみてください。

LUCKY MACHIUKE

ラッキー待受画像

池や川などの水が写っていない山の写真を背景に、北東側にラッキーカラーであるラベンダー色で「25」を入れてください。

九星ごとのワンポイントアドバイス

一白水星

浪費に注意。

二黒土星

男性を褒めよう。

三碧木星

勝負をかけよう。

四緑木星

睡眠不足に注意。

五黄土星

サポート役に徹して。

六白金星

考えすぎずに
まずは行動を。

七赤金星

協調性を大切に。

八白土星

持病に気をつけて。

九紫火星

直感を信じて。

健康運

姿勢を正して体の歪みに注意

八白土星は腰とお尻が弱点になっています。デスクワークが多い人にとってはツライ時期になるかもしれません。

腰のケアについては、**姿勢を正して体の芯をつくる**意識を持つようにしてください。猫背になってしまうと腰に負担がかかってしまいます。お尻が弱いということで、痔にも注意が必要です。お尻へのダメージを軽減させるためにクッションを使うのもよいです。長時間、座り姿勢が続かないように、30分作業をしたら立ち上がるなどルールを決めて、**適度に体を動かす**ようにしましょう。

健康運を上げるには、体幹トレーニングがおすすめ。バランスよく腹筋と背筋を鍛えると、体の歪みを整えることができます。整体に通って歪みを矯正するのもよいです。

LUCKY COLOUR

ラッキーカラー

ラベンダー

変化に強く、安定させることができる色。八白土星は鬼門のエネルギーを常に持っているので、鬼門と相性がいいこの色を取り入れて。

LUCKY NUMBER

ラッキーナンバー

25

計画性、逆算、エリート志向、ミスを嫌うという数字です。変化の月だからこそ、変化に振りまわされないようにしましょう。

仕事運

慎重にいながらも表情豊かに

5月は山のエネルギーが働いているため、先読みが困難です。「計画と違うことが起こるかもしれない」という慎重な心構えで臨むことを忘れずに、着実に仕事を進めるようにしましょう。

基本的に足元を固める時期なので、思いつきでチャレンジをしないように。この月は「地道にコツコツ」が成功を導くためのカギになっています。

そのほかに、仕事運をアップさせるのに有効なのは**「笑顔の練習」**です。八白土星は無愛想で、第一印象が悪くなってしまいがちなので、その弱点を補う練習が必要です。まずは家を出る前に、鏡の前で笑ってみましょう。打ち合わせや商談の前には、トイレにある鏡を見て、笑顔の確認をするのも◎。毎日習慣づけることで、自然と表情が豊かになってきます。

LUCKY ITEM

ラッキーアイテム

ベルト

弱点が腰なので、ベルトや腰用サポーターは弱さを補ってくれます。体の芯を整えるという意味でも効果的です。

LUCKY ACTION

ラッキーアクション

自然な笑顔

八白土星は表情の乏しさが弱点です。自然な笑顔で相手に接することができるようになると、運気が上がっていきます。

金運

金運最高！財布を替えても◎

銀行口座の暗証番号を変えると金運アップになります。暗証番号は4桁の合計が24になると金運に強い数字なのでおすすめです。金運が上がる日は、1日、8日、12日、13日、20日、24日、25日。1日、13日、25日は寅の日でお金が変化しやすい日。貯金、領収書やレシートの整理をするといい日になります。8日、12日、20日、24日は酉丑の日で、月が巳となっていますので、**金三合という金運にとても強い日**です。この日に財布を替えると運気が上がります。財布はいまの財布と同レベルか少し高級なものに替えると◎。まだ替える必要のない人は財布の中を綺麗に整理しましょう。5月は巳の月なので全体的に金運が上がっている月です。乙巳八白土星の月なので、堅実にお金を貯めるようにすると運気が上がりますよ。

LUCKY SPOT

ラッキースポット

山

住んでいる場所の近くの山でいいです。山のふもとで山菜そばを食べるなど、その場所での観光を楽しんでください。

LUCKY FOOD

ラッキーフード

あなたの好きな食べ物

八白土星の本来のラッキーフードは山の幸です。でも、堅実になりすぎるので、好きなものを食べて緊張を和らげてもらえたらと思います。

恋愛運

マンネリ解消など変化が起こる月

山のエネルギーが働いているので、恋愛においても冒険の月ではありません。しかし、最近あまり恋愛関係で変化がないという人は、冒険してもＯＫ。ここで変化を起こさないと、この先もしばらくこのまま停滞してしまいます。
次に何が起こるか分からない月になりますので、マンネリカップルにとっては、変化が起きるいい月とも言えます。そういうカップルは、付き合い始めた頃に行った**思い出の場所でデートをする**と初心に戻ることができます。
悪縁や人に話せないような恋愛をしている人は、断ち切るならこのタイミング。次の恋に向けて気持ちを切り替えることができます。５月は冒険をしようとしなくても、気がつくと冒険に巻き込まれやすいです。周囲の状況が刻々と変化していくので退屈することはないでしょう。

LUCKY DAYS

ラッキーデー

30日

この日はスーパー大安です。すべてが出し尽くされるので、吸収するにはもっともいい日です。この日はケチケチせずに自分にご褒美を。

CLEANING PLACE

掃除するとよい場所

北東、トイレ

トイレの掃除が終わったら、蓋を閉めて換気をしましょう。琉球風水的にも、トイレの蓋は常に閉めておくのが◎。

5月

皐月

乙巳・八白土星

★＝ラッキーデー
×＝アンラッキーデー

日	曜日	干支	九星	旧暦	六曜	朔弦望	メモ
1	日	甲寅	三碧	4/1	仏滅		
2	月	乙卯	四緑	/2	大安		
3	火・祝	丙辰	五黄	/3	赤口		
4	水・祝	丁巳	六白	/4	先勝		
5	木・祝	戊午	七赤	/5	友引		
6	金	己未	八白	/6	先負		
7	土	庚申	九紫	/7	仏滅		
8	日	辛酉	一白	/8	大安		
9	月	壬戌	二黒	/9	赤口		
10	火	癸亥	三碧	/10	先勝		
11	水	甲子	四緑	/11	友引		
12	木	乙丑	五黄	/12	先負		
13	金	丙寅	六白	/13	仏滅		
14	土	丁卯	七赤	/14	大安		

日	31	30	29	28	27	26	25	24	23	22	21	20	19	18	17	16	15
曜日	火	月	日	土	金	木	水	火	月	日	土	金	木	水	火	月	日
干支	甲申	癸未	壬午	辛巳	庚辰	己卯	戊寅	丁丑	丙子	乙亥	甲戌	癸酉	壬申	辛未	庚午	己巳	戊辰
九星	六白	五黄	四緑	三碧	二黒	一白	九紫	八白	七赤	六白	五黄	四緑	三碧	二黒	一白	九紫	八白
旧暦	/2	5/1	/29	/28	/27	/26	/25	/24	/23	/22	/21	/20	/19	/18	/17	/16	/15
六曜	赤口	大安	友引	先勝	赤口	大安	仏滅	先負	友引	先勝	赤口	大安	仏滅	先負	友引	先勝	赤口
朔弦望																	
メモ		★											×				

6月の運勢◆総合運◆

まわりを気遣い、サポート役にまわって

暦は**丙午七赤金星**の月になります。七赤金星は社交性が高く、おもてなし上手。人との付き合いがうまいという特徴があります。ただ、人に気を遣いすぎて、気疲れしてしまうことも。生まれながらに色気は抜群にあります。ただ、丙午と七赤金星の組み合わせの場合、女性に限っては自分と合わない人をつかまえやすい運気を持っています。

七赤金星は、自然界のエネルギーに当てはめると、渓谷に流れる沢のエネルギーを持っています。沢は穏やかで、まわりを活かす力を持つもの。どちらかというとサポート気質の九星なのですが、色気や魅力に溢れているので、男女問わず、異性を惹きつける魅力があり、場面によっては主役に押し上げられるのが七赤金星です。目立たないようにしていても、目立ってしまう。それだけのモテオーラを持っているのです。その天性のモテ力を活かすには、綺麗に着飾るとよいです。

七赤金星の月のテーマは**「おもてなし」**。自分よりも他人を優先するようにしまし

よう。家族というよりは、仲間、友人、恋人などを優先し、身を削ってもいい運気に入っているので、人のために**ケチケチしてはいけません**。七赤金星の月は人のために出し惜しみをすると、運気が下がってしまいます。

七赤金星は、九星の中でいちばんお金に苦労をしない星だと言えます。使ってもまわってくるので、誰かのためにちょっとしたプレゼントをするとよいです。「営業先に行ったら、美味しそうなお菓子屋さんが近くにあったので、お土産買ってきちゃいました」というような、そんなノリで構いません。プレゼントを渡すときも、おおげさにせず、さらっと渡しましょう。「私が買ってきてあげた!」というアピールはNGです。静かに渡してもまわりは勝手に盛り上がってくれるのです。

丙午は快晴の空にある真夏の太陽のような存在感を持っています。そのため、**隠しごとが明るみに出てしまいがち**です。特に恋愛やお金については隠し通せません。へソクリをしていたことがバレたり、恋人に秘密でほかの人と遊びに行っていたことがバレたりしてしまいます。バレてまずいことがあるなら、6月がくる前に早めに清算しておきましょう。ただ、隠しごとが明るみに出るということはすべてが悪いことではありません。状況を変化させるきっかけにもなるからです。

さて、七赤金星の月の過ごし方ですが、大切なのは、**「余計なアピールをしないこと」「自分から目立とうとしないこと」「恩着せがましくしないこと」**。

おもてなしの気持ちで徳を積み上げていくと、運気が上がります。先ほども書きましたが、七赤金星の時期は、自分から見せびらかそうとしなくても周囲が盛り上げてくれます。認めてくれる人は必ずいるので、相手に尽くす気持ちを持つようにしましょう。

また、趣味や遊びに時間をかけるのも運気を上げる方法です。無趣味だという人は、昔夢中になっていたことをやってみたり、友人の趣味に参加してみたりするとよいでしょう。アフター5に力を入れることで、仕事とプライベートの境界がはっきりしてメリハリのある生活を送ることができます。就業時間内に仕事を終わらせようという気持ちにも繋がり、ダラダラと残業することもなくなるため、仕事をスムーズに進めることができるのです。

LUCKY MACHIUKE

ラッキー待受画像

夜景の写真に、レモンイエローの「24」を西側に入れてください。

九星ごとのワンポイントアドバイス

一白水星

家族とコミュニケーションを取って。

二黒土星

自分磨きを忘れずに。

三碧木星

自己主張はほどほどに。

四緑木星

女性に優しく。

五黄土星

足もとを整えて。

六白金星

結果を急がないで。

七赤金星

自分への気遣いを忘れずに。

八白土星

ケチケチすると運気が下がる。

九紫火星

色事に気をつけて。

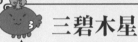

6月の運別 開運ポイント

健康運

歯のケアをしつつ食も楽しんで

喉や肺、口内が弱点になります。ですから、この機会に歯医者に行きましょう。虫歯や歯周病がある人はその治療を。健康な人も定期健診を受けるようにするとよいです。また、歯ブラシや歯磨き粉選びにこだわったり、ホワイトニングや歯列矯正を始めるのもアリです。「芸能人は歯が命」なんていう言葉がありましたが、七赤金星の月は魅力的な人になるということもカギになります。対面したときに歯の美しさはビジュアルイメージを決める大きなファクターとなりますので、綺麗に保つようにしましょう。

精神面での健康を保つには、**趣味を楽しむ**こと。七赤金星は旬のフルーツやワインなどとも相性がいいので、食の趣味を持つのも運気を上げる方法です。

LUCKY COLOUR

ラッキーカラー

レモンイエロー

七赤金星とイエローは相性がよく、特に明るいイエローは、社交性が高く金運も強いカラーです。

LUCKY NUMBER

ラッキーナンバー

24

24は、金運に強く、異性にモテる数字です。無から有を生み出す力もあります。

仕事運

仕事は切り替えて気遣いを忘れずに

業務が終わったらしっかりと遊ぶために、時間内に仕事を終わらせようという考えを持つと、この時期は仕事運が上がります。仕事に詰まったら、無理をせず明日にまわしてしまっても構いません。ポイントは**残業をしない**ことと、**家に仕事を持ち帰らない**ことです。少し溜まってしまっても、翌月にバリバリ仕事をしなければいけない月が控えていますので、安心して趣味に力を入れてください。

また、仲間が困っていたら、積極的に力になってあげるように動いてください。自分が困っているときにその人から助けてもらえます。困っているときに助けてもらえるのは、ふだんから、おもてなしの気持ちで周囲に接してきたことの成果です。職場でも周囲への気遣いは忘れてはいけませんよ。

LUCKY ITEM
★★★
ラッキーアイテム

マウスウォッシュ

歯ブラシや歯磨き粉など、口内ケアグッズにこだわるといいです。歯ブラシが傷んでいたら、使いつづけずに替えましょう。

LUCKY ACTION
★★★
ラッキーアクション

夕日を眺める

七赤金星と相性のいい時間帯は17時から19時です。ちょうど日の入りの時間に重なると思います。サンセットを眺めると運気がアップしますよ。

金運

使うほど運気アップ 特に食関係が◎

お金について、この月は計画を細かく立てる必要はありません。程度はありますが、**使えば使うほどまわってくる**という運勢になっています。何かプレゼントを渡すなどは決して無駄遣いにはならないので、そういうことにお金を使うとよいでしょう。

また、お金を使うなら、食に使うとよいでしょう。七赤金星は口との関係が深いため、味覚に優れているのです。特に、食後にデザートを食べると金運が上がりますよ。贅沢にお金を使うというよりは、楽しみのためにお金を使うのが七赤金星の月の過ごし方として適しています。

また、上司や友人からご馳走してもらえるときは、素直に受け入れるようにしましょう。**人の好意を素直に受け取る**のも、運気を上げる行動です。

LUCKY SPOT

ラッキースポット

夜景が綺麗に見える場所

夕日が綺麗に見える場所もいいです。サンセットを眺めるという意味で、海岸のレストランもおすすめ。

LUCKY FOOD

ラッキーフード

旬のフルーツ

フルーツとともに、デザートも相性がいいです。特にディナーのあとに食べると運気が上がります。

恋愛運

キーワードは趣味や食！

恋愛運自体は非常によいのですが、丙午の月なので、男性は問題ないものの、女性の場合はダメ男に引っかかってしまう可能性があります。妖しい魅力が増す時期になるので、ひと癖ある男たちが寄ってきやすいのです。本人が満足しているならそれでOK、という月ではあるのですが……。

恋愛に興味が湧きやすくなるので、なかなか出会いがない、恋愛が得意ではないという人にとってはチャンスの時期です。身なりを整えて好機を逃さないようにしましょう。

趣味や食をキーワードに合コンやデートをすると、結果が出やすいです。特に、外食をするときは、デザートが美味しい店、ワインがある店を選ぶとよいです。ワインはぶどう酒なので、果物と相性のいい七赤金星にはピッタリなお酒なのです。

LUCKY DAYS

ラッキーデー

2、5、20日

20日は変化を出してほしい日。いつもはしないような楽しいことにお金を使ってみたりと、少し出費をしてもいい日となっています。

CLEANING PLACE

掃除するとよい場所

西、クローゼット

七赤金星の午の月なので、手放すということができます。いらない洋服はこの際、整理して処分してしまいましょう。

6月

水無月

丙午・七赤金星

★＝ラッキーデー
×＝アンラッキーデー

日	曜日	干支	九星	旧暦	六曜	朔弦望	メモ
1	水	乙酉	七赤	5/3	先勝		
2	木	丙戌	八白	/4	友引		★
3	金	丁亥	九紫	/5	先負		
4	土	戊子	一白	/6	仏滅		
5	日	己丑	二黒	/7	大安		★
6	月	庚寅	三碧	/8	赤口		
7	火	辛卯	四緑	/9	先勝		
8	水	壬辰	五黄	/10	友引		
9	木	癸巳	六白	/11	先負		
10	金	甲午	七赤	/12	仏滅		
11	土	乙未	八白	/13	大安		
12	日	丙申	九紫	/14	赤口		
13	月	丁酉	一白	/15	先勝		
14	火	戊戌	二黒	/16	友引		

日	30	29	28	27	26	25	24	23	22	21	20	19	18	17	16	15
曜日	木	水	火	月	日	土	金	木	水	火	月	日	土	金	木	水
干支	甲寅	癸丑	壬子	辛亥	庚戌	己酉	戊申	丁未	丙午	乙巳	甲辰	癸卯	壬寅	辛丑	庚子	己亥
九星	九紫	八白	七赤	六白	五黄	四緑	三碧	二黒	一白	九紫	八白	七赤	六白	五黄	四緑	三碧
旧暦	/2	6/1	/30	/29	/28	/27	/26	/25	/24	/23	/22	/21	/20	/19	/18	/17
六曜	先勝	赤口	仏滅	先負	友引	先勝	赤口	大安	仏滅	先負	友引	先勝	赤口	大安	仏滅	先負
朔弦望																
メモ				×							★					

7月の運勢◆総合運◆

メリハリを持って自分を正して

暦は**丁未六白金星**の月になります。六白金星は、ルールを守る、正義感が強い、王道、実力重視、結果主義、高級志向という特徴を持っており、正しく過ごすと運気が上がるという月になっています。しかし、結果を出すには近道はなく、地道な努力が実を結ぶという正攻法で物事に取り組む姿勢が必要になります。6月は十分に趣味の時間を楽しんだことと思いますので、7月は巻き返すようにしっかりと仕事をするという**メリハリが必要**です。丁未の暦の月なので、努力したぶん、結果が表れやすい月になっています。安心して邁進して行きましょう。

ただ、六白金星はルールに厳格。融通が利かないですし、結果主義なところもあります。他人からは「堅い人だな」と思われがちなタイプです。六白金星の時期は、どうしてもルールに厳密になり、他人にも押し付けようとしてしまいがち。そうすると、人間関係でギクシャクしてしまう可能性もあるので、**細かいことを言いすぎないとい**

うことが大切になります。六白金星は基本的にルールを曲げたり、譲歩したりすることを嫌うのですが、この月は丁未の暦なので、ルールを少し和らげることができます。円滑な人間関係を築いて成果を上げるようにしましょう。

実力主義という月でもありますので、勉強を始めるにもいい時期です。仕事に直接的に関わるスキルアップの講習を受けてみたり、仕事に役立つ資格を取得するためにスクールに通ってみたりするのもアリです。また仕事に直接的には関わりはなくても、語学やビジネスマナー、ＰＣスキルを身につけることや、読書や美術を学ぶなど文化的なスキルを身につけるのも有効です。すぐには役に立たなくても、必ずあとから自らの助けになります。２０２２年は五黄土星の年ということもあり、実力がない人は評価されにくい傾向にありますので、自分磨きに力を入れるというのは間違いない鉄板の開運アクションなのです。

六白金星を自然のエネルギーに当てはめると『天』。空や宇宙などのエネルギーを持っています。現実的なことではなく目に見えないエネルギーを上手に取り入れていくと運気が上がります。逆に、かたくなにそれを拒むと運気が下がってしまいます。目に見えない力の影響を大きく受けるので、困ったときの神頼みが効く時期でもあります。地元の神社にお参りをすると運よく過ごすことができますよ。

このように書くとスピリチュアルなものに拒否反応がある人は嫌うかもしれませんが、

私はそれを勧めるつもりは一切ありません。なぜなら、オカルトにハマってしまうのも運気を下げる要因になるからです。目に見えない力を受けやすいということから、霊能者が出てきやすい傾向もあります。霊能者を騙《かた》る偽物も現れやすいので、違うと思ったらハマらないように注意してください。

必要なのは、自分自身で相手を見極める冷静さ。本当にその人は信用に足る人物なのか、自分で調べたり、周囲の評判を聞いたりして、怪しいものは自分ではねのけるという気持ちを持つこと。**自分を常に正す姿勢でいることが大切**です。スタンスとしては、半分信じて、半分信じないくらいの心の余裕が必要になります。

LUCKY MACHIUKE ★★★

ラッキー待受画像

金の延べ棒や宝石の写真に、パステルオレンジで「16」を北西側に入れてください。

九星ごとのワンポイントアドバイス

一白水星

曖昧はNG。

二黒土星

本をたくさん読もう。

三碧木星

急がばまわれ。

四緑木星

行動あるのみ。

五黄土星

人に優しく。

六白金星

方向性を定めて。

七赤金星

困ったら神頼み。

八白土星

使途に興味を持とう。

九紫火星

感情をコントロールしよう。

7月の運別 開運ポイント

健康運

食べ物に注意！値引き品もNG

食中毒に要注意です。食中毒になりやすい食材、熟しすぎている果物、傷んでいる野菜は特に避けるようにしましょう。

また、値引きされている食べ物もこの月は手を出さないほうがいいです。六白金星は、**高級志向という特徴**もあります。値引き品が悪いわけではありませんが、六白金星との相性がよくありません。この時期は、少しでもいいものを食べようという意識を持つと、より健康運を高めることができます。

お腹に弱点があるので、腸内環境を整えるよう気をつけたほうがよいでしょう。ヨーグルトや甘酒などがコンディションを整えてくれる食べ物となっています。

LUCKY COLOUR

ラッキーカラー

パステルオレンジ

オレンジには陽気さ、親しみやすさがあり、場の雰囲気を温かくする特徴があります。パステルにすることで、より柔らかさが与えられます。

LUCKY NUMBER

ラッキーナンバー

16

義理人情に厚い、ルールに厳しい、規律を守る、親分肌という数字です。六白金星には教育的なエネルギーがあるので、合っているのです。

仕事運

勉強したぶんだけ結果が出る

七赤金星の6月に遊びを充実させたので、この月はガッツリと仕事をする気持ちで臨みましょう。資格取得にチャレンジするなど、**仕事に繋がることを勉強する**と運気アップ。丁未の暦なので、結果が出やすい月になっています。いままで十分に準備をしてきた人は、ここで行動に移してください。

五黄土星の年ということもあり、曖昧になっていたことは白黒はっきりさせてどんどん片付けていくことも大切です。返事待ちでしばらく放置されている案件は相手方に返答を催促するなど、アクションを起こす必要があります。

仕事運を上げるには、上司やスペシャリストの知恵を頼るというのがいいです。また、部下から頼られたら手を差し伸べるようにしましょう。しっかりと仕事に**向き合ったぶんだけ、結果が得られる**時期になっています。

LUCKY ITEM

ラッキーアイテム

パールなどの宝石

六白金星は品がよく、高級なものを好む傾向があるため、宝石がおすすめです。

LUCKY ACTION

ラッキーアクション

勉強の時間を作る

習いごとをするのもアリです。この月は、毎日少しずつ勉強をすると、結果に結びつきやすくなります。

金運

お金の使いどころはメリハリをつけて

自己投資の時期です。仕事運でも触れましたが**資格取得**のためにお金をかけるとよいでしょう。試験の教材やスクールの受講料など、そういうものにお金をかけると巡り巡って自分に返ってきます。

また、勝負どきと感じたら、しっかりとお金をかけていい運気です。六白金星は高級志向ということもあり、いいものや必要なものにお金をかけるということで金運を下げることはありません。「安物買いの銭失い」という言葉がありますが、ケチケチすると結局損をします。この時期は「安かろう悪かろう」の価値基準で過ごすとよいでしょう。

ただし、無駄なものにお金をかけるのはNG。必要か必要でないかで悩むことがあるかもしれませんが、そういうときは買わないという決断をするのが賢明です。

LUCKY SPOT

ラッキースポット

プラネタリウム

六白金星は天のエネルギーを持っているため、相性◎。名のある神社も目に見えない力を与えてくれるという意味で、開運を助けてくれます。

LUCKY FOOD

ラッキーフード

高級な料理

高級食材が運気を上げてくれます。安物買いで済ませると運気が流れやすいです。生活レベルに合わせ、少しだけいいものを食べましょう。

恋愛運

良縁があるかも!?
ニオイケアを重視

男女問わず、**年上の女性からの紹介に良縁**があります。女性は男性を立てるようにすると恋愛がうまくいくようです。男性は、堂々とパートナーをリードしましょう。なよなよしていると逃げられてしまいます。

女性は〝オジサン化〟しやすい月となっています。六白金星は、父、親父というエネルギーが強いので、どうしても身なりや、体型、姿勢、髪型、メイクなどを気にしなくなってしまうので注意が必要なのです。

また、この月はニオイのケアについて意識したほうがいい月でもあります。7月という、暑く汗をかきやすい季節でもありますので、汗のニオイには特に気を配ったほうがいいです。

LUCKY DAYS

ラッキーデー

10、19、25日

19日は癸酉九紫火星の日なので、ルールを緩めることで運気が上がる日。この日は直感的に流れに身を任せ、楽しいほうに進むとよいでしょう。

CLEANING PLACE

掃除するとよい場所

北西、高級なもの

その家の中にある高級なもの、値段が高いもの、価値が高いものを綺麗にするとよいです。

7月

文月

丁未・六白金星

★＝ラッキーデー
×＝アンラッキーデー

日	曜日	干支	九星	旧暦	六曜	朔弦望	メモ
1	金	乙卯	一白	6/3	友引		
2	土	丙辰	二黒	/4	先負		
3	日	丁巳	三碧	/5	仏滅		
4	月	戊午	四緑	/6	大安		
5	火	己未	五黄	/7	赤口		
6	水	庚申	六白	/8	先勝		
7	木	辛酉	七赤	/9	友引		
8	金	壬戌	八白	/10	先負		
9	土	癸亥	九紫	/11	仏滅		×
10	日	甲子	九紫	/12	大安		★
11	月	乙丑	八白	/13	赤口		
12	火	丙寅	七赤	/14	先勝		
13	水	丁卯	六白	/15	友引		
14	木	戊辰	五黄	/16	先負		

日	31	30	29	28	27	26	25	24	23	22	21	20	19	18	17	16	15
曜日	日	土	金	木	水	火	月	日	土	金	木	水	火	月・祝	日	土	金
干支	乙酉	甲申	癸未	壬午	辛巳	庚辰	己卯	戊寅	丁丑	丙子	乙亥	甲戌	癸酉	壬申	辛未	庚午	己巳
九星	六白	七赤	八白	九紫	一白	二黒	三碧	四緑	五黄	六白	七赤	八白	九紫	一白	二黒	三碧	四緑
旧暦	/3	/2	7/1	/30	/29	/28	/27	/26	/25	/24	/23	/22	/21	/20	/19	/18	/17
六曜	先負	友引	先勝	大安	仏滅	先負	友引	先勝	赤口	大安	仏滅	先負	友引	先勝	赤口	大安	仏滅
朔弦望																	
メモ							★						★				

8月の運勢◆総合運◆

運気が悪くてもここから再スタート

暦は**戊申五黄土星**の月になります。年盤の定位置になりますので、各九星が持つ自分らしさが発揮されます。そして、五黄土星の年の五黄土星の月になることにも注目してほしいと思います。はじめに年間のルールの話をしましたが（P14～16）、まずはそれが守れていたか、自分の行動を振り返ってみてください。そのルールを守って生活することができた人は運気が上がっていますし、できていなかった人は運気が下がっています。でも、ルールを守れなかったという人も落ち込む必要はありません。この月は組み直しができる月。五黄土星は「壊す」という特徴があるので、悪かった習慣を破壊し、**ここから再スタートを切る**ことができます。一度立ち止まって、整理をすることでこのあとも運気を上げていきましょう。

五黄土星は、自然界のエネルギーに当てはめるとマグマになります。爆発力が強く、噴火すると島をひとつつくってしまうくらい**大きなエネルギー**を持っています。

白黒はっきりさせるのが得意で、貪欲な姿勢があり、判断が早いという長所を持っています。一方で、好き嫌いで物事を決めたり、やられたら倍返しにするなど、感情がたかぶりやすく好戦的な性格があだになってしまうことも。そのため自制心が利かないと、嫌いな相手に対して「奪ってやろう」「潰してやろう」などの攻撃的な感情が溢れてきます。特に1日、10日、19日、28日は五黄土星の日なので、その作用が強くなります。人と接するとトラブルが起きてしまいがちなので、極論、**家から出なくても大丈夫なら、出ないほうがいい**日だと言えます。

また、イライラしてしまいがちなので、「今月は怒りの沸点が低くなってしまっているんだ」ということを常に意識して、**自分をコントロールする**必要があります。うまくガス抜きをして、ある程度我慢をするように注意すると、関係性を壊さずにいられます。ケンカをしてしまったらその関係は完全に壊れてしまう覚悟をしておいたほうがいいです。五黄土星は**謙虚さが足りない星**なので、謙虚な気持ちと協調性を意識する必要があります。関係性を壊したくない相手には、素直に謝れるようになりましょう。逆に清算したい関係があるのであれば、この時期にケンカをすると綺麗さっぱり別れられます。当たり前のことですが、大事になりかねないので手を出してはいけません。

さて、月の暦にある戊申は計算高いという特徴を持っています。失敗しても同じ轍《てつ》を踏まないように気をつける賢明さがあり、「この人と一緒にいたらうまくいくな」という人を見つけるのがうまいという性質があります。他者を観察する能力が非常に高いのです。ですから、損得だけで動いてしまうと人からそのズル賢さゆえに疎まれてしまいます。五黄土星の性格も、戊申の性格も使い方次第で毒にも薬にもなります。五黄の時期は結果が明確に出る傾向があるので、「勝者」と「敗者」がはっきりとしてしまいます。二者択一であるなら「勝者」でありたいと誰もが思うことでしょう。そのためには、短所をできる限り抑え、長所を発揮することしかありません。マグマのようなエネルギーに満ちている時期なので、五黄土星の年の戊申五黄土星の月というのはとんでもない暴れ馬に乗っている状態なのです。その暴れ馬を操り、うまく利用できるかどうかはあなたの過ごし方で決まります。

LUCKY MACHIUKE

★★★

ラッキー待受画像

マゼンタ色の大きなハートの真ん中に、ラッキーナンバーの「15」を白抜きで入れてください。

九星ごとのワンポイントアドバイス

一白水星

本屋へ行こう。

二黒土星

芝生のある
公園へ行こう。

三碧木星

朝日を見よう。

四緑木星

流行りの
カフェに行こう。

五黄土星

好きなことをしよう。

六白金星

品よく過ごそう。

七赤金星

趣味を楽しんで。

八白土星

家族とコミュニ
ケーションを取ろう。

九紫火星

流行りの街へ
出かけよう。

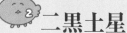

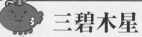

健康運

弱点のケアを忘れずに

心臓に気を遣いましょう。ふだんから脈を測るように習慣づけるとよいです。ただ、心臓の調子というのは自分ではなかなか判断するのが難しいところです。ですから、これを機会に**人間ドックを受けたり、健康診断に行ったりする**のがよいのではと思います。不調が現れてからでは手遅れということもあります。何か起きてしまう前にチェックすることが大切です。

また、持病がある人は、そのケアに努めましょう。特に病気にかかっていないという人は、それぞれの九星の弱点（P18）をフォローするようにしましょう。五黄土星は年盤の定位置にあたりますので、それぞれの人が属している九星の弱点をケアすることで健康運が上がります。

LUCKY COLOUR

ラッキーカラー

マゼンタ

ホルモンバランスを整える色です。争いを避ける平和的な色で、優しさもあります。

LUCKY NUMBER

ラッキーナンバー

15

争いからは遠い数字で、「優しさ」「平和な家庭」という意味を持っています。この数字で、落ちつきを取り戻しましょう。

仕事運

この先に向けて現状を把握しよう

五黄土星の年になってから半年が過ぎました。五黄土星の年間のテーマは「基本に戻る」ですから、仕事についてもこの半年間の見直しをする時期にすると、仕事運が上がります。まずは、いま手がけている仕事について、おこなっている方法は正しいかどうか検討をしてみましょう。

五黄土星には「壊す」という特徴があります。一見、よくないことに見えますが、プラスに捉えるとつくり直しが利くと言い換えられるのです。ですから、現在プロジェクトを進めているチームに無理がある場合は、組み直しをするなら、この時期が◎です。仕事がスムーズに進んでいる場合も、あまり芳しくない場合も、8月はその結果が色濃く現れます。**悪い場合にはしっかり方向転換**をしたほうがよいでしょう。

LUCKY ITEM ★★★

ラッキーアイテム

地元の神社のお守り

九星の定位置に戻るので、お守りや祖父母の形見など、自分を守護してくれるものを身につけると運気が上がります。

LUCKY ACTION ★★★

ラッキーアクション

断捨離

いるものといらないものをはっきりさせる必要があります。「ほとんど使わないけれど、いつか使うかも」というものは捨てましょう。

金運

家関係にお金をかけるのは◎

この時期は、とにかく**貯めることを意識**しましょう。月に使う予算を決めたら、それ以上にお金を使わないほうがいいです。

何かにお金をかけるのであれば、不動産投資が向いています。五黄土星は『マグマ』『地面』というエネルギーを持っているので、特に土地を扱う不動産と相性がいいのです。

ですから、家やマンションを購入するというのであれば、五黄の時期に購入すると運気が上がります。すでに不動産を持っている人は、新たに不動産物件を買い増しするのもOKです。

LUCKY SPOT

ラッキースポット

温泉

地熱が感じられる場所、硫黄のニオイがするところがパワースポットになります。飲泉をするのもおすすめです。

LUCKY FOOD

ラッキーフード

納豆、ヨーグルト

五黄土星は発酵しているものと相性がいいです。ヨーグルトはフルーツを加えるなどして、混ぜて食べるほうがより好ましいです。

恋愛運

曖昧はやめて白黒はっきり

五黄土星は物事をはっきりさせることを好みます。ですから曖昧な態度は避けるように。パートナーとの関係性を明確にさせる必要があります。結婚を考えている相手がいるけれど結論を先送りにしているという人は、五黄土星のあと押しを借りてプロポーズしてみるのもよいでしょう。また、人に言えない恋愛をしている場合にはやめるならやめる、と**白黒はっきりさせることが必要**です。別れるという決断をするのは、とても体力が必要なことではありますが、その先には新たな出会いが待っています。マイナスなことだけではありません。

注意点としては恋愛のトラブルが増える時期だということ。恋愛に関する事柄は感情がたかぶりやすいので、ケンカに発展しやすいです。首を突っ込みすぎないように。

UNLUCKY DAYS

アンラッキーデー

1、10、19、28日

五黄土星については、あえて注意が必要な日がこの4つ。年月日すべてで五黄土星が重なるので、トラブルが発生しやすいです。

CLEANING PLACE

掃除するとよい場所

自分がよく過ごす部屋

特にクッションや椅子などの座るものを整えるとよいです。クッションカバーを替えたり、洗ったりするのもよいでしょう。

8月

葉月

戊申・五黄土星

★＝ラッキーデー
×＝アンラッキーデー

日	曜日	干支	九星	旧暦	六曜	朔弦望	メモ
1	月	丙戌	五黄	7/4	仏滅		×
2	火	丁亥	四緑	/5	大安		
3	水	戊子	三碧	/6	赤口		
4	木	己丑	二黒	/7	先勝		
5	金	庚寅	一白	/8	友引		
6	土	辛卯	九紫	/9	先負		
7	日	壬辰	八白	/10	仏滅		
8	月	癸巳	七赤	/11	大安		
9	火	甲午	六白	/12	赤口		
10	水	乙未	五黄	/13	先勝		×
11	木・祝	丙申	四緑	/14	友引		
12	金	丁酉	三碧	/15	先負		
13	土	戊戌	二黒	/16	仏滅		
14	日	己亥	一白	/17	大安		

日	31	30	29	28	27	26	25	24	23	22	21	20	19	18	17	16	15
曜日	水	火	月	日	土	金	木	水	火	月	日	土	金	木	水	火	月
干支	丙辰	乙卯	甲寅	癸丑	壬子	辛亥	庚戌	己酉	戊申	丁未	丙午	乙巳	甲辰	癸卯	壬寅	辛丑	庚子
九星	二黒	三碧	四緑	五黄	六白	七赤	八白	九紫	一白	二黒	三碧	四緑	五黄	六白	七赤	八白	九紫
旧暦	/5	/4	/3	/2	8/1	/29	/28	/27	/26	/25	/24	/23	/22	/21	/20	/19	/18
六曜	赤口	大安	仏滅	先負	友引	大安	仏滅	先負	友引	先勝	赤口	大安	仏滅	先負	友引	先勝	赤口
朔弦望																	
メモ				×					×				×				

9月の運勢◆総合運◆

迷わず、決断力を大切に

暦は**己酉四緑木星**の月になります。四緑木星は協調性を大切にしてチームワークで力を発揮するという特徴を持っています。独断で物事を進めるよりも、仲間の意見を聞くほうが得意です。「このチームの方向性はこっちに向かっているから……」と空気を読むのがうまいため、その流れを掴むことができれば、みんなで勝つことができるのが四緑木星の魅力的なところだと言えるでしょう。仲間との相互関係で物事を進めることを重視する月になるので、9月は第三者によって自分の知らない能力を引き出してもらえることが多くなります。

また、四緑木星は新しい環境に馴染むのも得意です。9月は年度の中間地点にあたります。学校関係でいえば9月入学で地元を離れる必要があったり、会社員であれば部署を異動したりすることもあるかもしれません。そういう人たちにとっては不安になる時期かもしれませんが、環境の変化をあまり怖がる必要はありません。四緑木星の力を借りて周囲と協調できれば、スムーズに馴染んでいくことができるはずです。

ただ、四緑木星には優柔不断という弱点もあります。まわりの顔色ばかりうかがうために、「自分では何も決めない人」になってしまいがちなのです。そのため、チャンスが舞い込んできても、決めきれずに掴めないということも。五黄土星の年は、その性格上、**決めることやチャンスを掴むことを重視**します。四緑木星の月は白黒はっきりさせることが苦手な人も、「しっかりと結果を出す」という意識を持ちましょう。

また、9月は酉の暦になり、収穫という性格があります。そういう意味でもしっかりと努力の成果を回収することが大切になります。

四緑木星を自然界のエネルギーに当てはめると『風』になります。風は吹かれるまま、流れるままで、まわりの影響を受けながら物事を進めることが多いです。ただ、この月に関して言えば、選択肢を提示されたときには、しっかりと選ばないといけません。チームで決めてもいいですし、自分で決めてもいいですが、**迷わずに早く決めることがポイント**です。回答をあまり先送りにしてしまうと運気が下がってしまいます。

金銭面について言えば、あまり物欲がない性格をしています。派手にお金を使うことが少ないため、生活をするためのお金には困ることがないようです。ただ、細々としたことに出費する傾向にあり、お金を貯めるのは得意ではありません。ですから、この時期はあまり無理してお金を貯めようとしなくてもいいです。

四緑木星の時期は人との出会いによって才能が開花します。そのため、**人と接するときは素直さを大切に**してください。さらに言うと、ケンカをしてしまうと運気が下がってしまうので、この月は御法度です。五黄土星の年なので、ケンカをしてしまいがちですが避けるようにしましょう。

人との関係性から力を得るのが四緑木星ですので、家に引きこもるのはNGです。休みの日は街に出かけようというのもそうですが、仕事においても同様。リモートワークという形で自宅作業をすることが一般的になってきましたが、自宅で缶詰にならず、ときどきはオープンテラスなど風通しがいい場所で仕事をするとよいでしょう。その際も、誰かと一緒に協力しながら仕事をするほうがいいです。

LUCKY MACHIUKE ★★★

ラッキー待受画像

風船やタンポポの綿毛の写真を背景に、東南側にパステルピンクの「32」を入れてください。そのほか、カーテンやうちわなど風になびくものやなびかせるものの写真でもOKです。

九星ごとのワンポイントアドバイス

一白水星

慌てずに慎重な行動を。

二黒土星

警戒心を解いてみよう。

三碧木星

協調性を大切に。

四緑木星

決断を素早く。

五黄土星

正しい判断をしよう。

六白金星

許す心を持って。

七赤金星

腰のケアをしよう。

八白土星

流行りを追ってみよう。

九紫火星

冷えに注意。

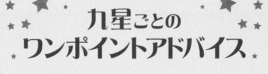

健康運

ストレスとお腹の不調に注意

四緑木星の月は、お腹が弱点になります。この月は下痢や便秘には注意しましょう。適度に水分を取りながら、消化によいものや、繊維質のものを意識的に食べるようにすると健康運が上がります。

お腹という意味では胃に対するケアも必要です。人と協調しながら物事を進めるシーンが増えるので、いくら得意とは言っても、どうしてもストレスは溜まってしまいます。四緑木星の月においては、人間関係で生まれたストレスは、人間関係で解消するようにしましょう。**人と話をすること、相談に乗ってもらう**ことで、ストレスを緩和することができます。これで、精神面の不調から起こる胃痛は遠ざけることができるでしょう。

LUCKY COLOUR

ラッキーカラー

パステルピンク

ピンクそのものも優しい色ですが、パステルなのでさらに柔らかさがあります。全方位的に優しいので、人付き合いを大切にする月にはぴったり。

LUCKY NUMBER

ラッキーナンバー

32

良縁が良縁を呼ぶ数字です。そよ風のエネルギーを持っている数字なので、四緑木星との相性もいいです。

仕事運

運気は上々
チームワーク大切に

仕事がどんどん舞い込んでくる時期であり、自分から仕掛けてもいい時期になっています。他人との関係性により物事が発展するので、営業するのもいいです。人からの紹介で、**人脈を広げていくと仕事の幅も大きく広がります**。

ただし、動き出すまでに時間がかかってしまうという弱点もあるので、早めに仕事を終わらせようという意識を持つことが大切です。終わらせるべきことは、あとまわしにせずテンポよく片付けていく習慣をつけましょう。

月の目標やノルマがある場合には、25日までに終わらせる、などと決めてしまうのがよいです。ひとりで片付けようとしなくても仲間に頼ってOKです。**チームワークを大切にして動くことで、力を発揮できる月**になりますので、遠慮せずに協力を求めてください。

LUCKY ITEM
★★★
ラッキーアイテム

風になびくもの

イヤリングやスカーフなど風に揺れるものを身につけると運気が上がります。葉っぱのモチーフのアクセサリーもよいです。

LUCKY ACTION
★★★
ラッキーアクション

カフェ歩き

テラスなど風の通りがいい場所は相性がいいです。酉は豆やブラウンのものとも相性がいいので、コーヒーも運気を上げてくれます。

金運

人のおすすめを買うと運気アップ！

日々暮らすお金には困りませんが、貯めるのはあまりうまくいかないのが四緑木星の月です。ただ、五黄土星の年で、かつ酉の月なので、どちらかというとお金は使ったほうが、運気がよくなります。

買い物をするときのポイントとしては、**友人のおすすめのものを買ってみる**こと。人間関係が財産になる月なので、人のアドバイスを取り入れて買い物をすると、金運がアップします。

洋服やアクセサリーを買いに行くと、おすすめのものを紹介されることがありますが、店員さんの助言にそのまま乗ってしまうのもＯＫです。酉の月ということで、**お金をかけるなら趣味のもの**に使うとよいでしょう。

LUCKY SPOT

ラッキースポット

遊園地

酉の楽しいことが好きという特徴からも相性◎。ジェットコースターなど強い風を感じるものより、優しい風を受けるアトラクションを選んで。

LUCKY FOOD

ラッキーフード

シフォンケーキ

柔らかい、空気を含んだ食べ物がおすすめです。お腹が弱点ですので、胃に優しい豆腐やおかゆなどもよいでしょう。

恋愛運

恋愛にのめり込まず切り替えを意識して

四緑木星は恋愛体質という特徴があります。恋愛にどっぷりのめり込んでしまうと、すべての運気がそこに注ぎ込まれてしまうため、ほかのことが手につかなくなってしまうことも。いい恋愛をしているときは仕事も好調ですが、うまくいっていないときはどん底な気分で、仕事どころではなくなってしまいます。「のめり込まないように注意が必要です」とアドバイスを送ったとしても、結局は深くハマってしまうのが四緑木星。せめて、恋愛のキズが飛び火して大きく影響しないように**切り替えを意識**しましょう。

ほかに注意が必要なこととしては、**ケンカをしない**こと。揉めごとが起きてしまうと仲直りまで時間がかかってしまいます。さらに、ケンカの最中に嘘をつくのは厳禁。嘘がバレた途端にその恋は終わってしまいます。

LUCKY DAYS

ラッキーデー

2、14、17日

2日は戊午の九紫火星で友引の日なので、流行りの街に友達と一緒に行くと、いい日となります。

CLEANING PLACE

掃除するとよい場所

東南、窓際

出会いを司る場所が窓際になっているので、窓を拭くほか、カーテンを洗ったりするのもよいです。

9月

長月

己酉・四緑木星

★＝ラッキーデー
×＝アンラッキーデー

日	曜日	干支	九星	旧暦	六曜	朔弦望	メモ
1	木	丁巳	一白	8/6	先勝		
2	金	戊午	九紫	/7	友引		★
3	土	己未	八白	/8	先負		
4	日	庚申	七赤	/9	仏滅		
5	月	辛酉	六白	/10	大安		
6	火	壬戌	五黄	/11	赤口		
7	水	癸亥	四緑	/12	先勝		
8	木	甲子	三碧	/13	友引		
9	金	乙丑	二黒	/14	先負		
10	土	丙寅	一白	/15	仏滅		
11	日	丁卯	九紫	/16	大安		
12	月	戊辰	八白	/17	赤口		
13	火	己巳	七赤	/18	先勝		
14	水	庚午	六白	/19	友引		★

日	30	29	28	27	26	25	24	23	22	21	20	19	18	17	16	15
曜日	金	木	水	火	月	日	土	金・祝	木	水	火	月・祝	日	土	金	木
干支	丙戌	乙酉	甲申	癸未	壬午	辛巳	庚辰	己卯	戊寅	丁丑	丙子	乙亥	甲戌	癸酉	壬申	辛未
九星	八白	九紫	一白	二黒	三碧	四緑	五黄	六白	七赤	八白	九紫	一白	二黒	三碧	四緑	五黄
旧暦	/5	/4	/3	/2	9/1	/30	/29	/28	/27	/26	/25	/24	/23	/22	/21	/20
六曜	先勝	赤口	大安	仏滅	先負	先勝	赤口	大安	仏滅	先負	友引	先勝	赤口	大安	仏滅	先負
朔弦望																
メモ									★					★		

10月の運勢◆総合運◆

人の意見を聞き、慎重さも大切に

暦は**庚戌三碧木星**の月になります。1月も三碧木星の月でしたね。これで九星もひとまわりしたということになります。まずは、三碧木星についておさらいしましょう。特徴は行動力があり、思い立ったらすぐに動くということ。明るく元気で勢いがあります。あと先を考えずに動き始めてしまうせいで失敗することも多いようです。かなりの負けず嫌いで、人の助言に耳を傾けるのが苦手。自分の意見を押し通そうとする一面もあります。

三碧木星を自然のエネルギーに当てはめると雷にあたります。パッと光る勢いがあるけれど、パッと消えてしまうため身になりにくい。予想不能な素早い動きをするというところも雷の特徴と重なっています。注意散漫になりがちなので、忘れ物が増えてしまいます。慣れていることでも**確認しながら進める慎重さ**を持っていただきたいです。

さて、10月の違うところは、暦が六白金星の年から五黄土星の年に切り替わったことです。1月の三碧の月は、ルールに厳しい六白金星の年だったので、慎重さを重視すると吉ということでしたが、10月は五黄土星の年になりますので、自分らしさを大切にするようにしましょう。三碧木星の強みである行動力は十分に発揮しつつ、弱点を補う対策ができれば運気は上がっていきます。

では、具体的にどのように過ごすべきかをお伝えしましょう。**行動力が光る月**になりますので、何かを始めようとしても一歩が踏み出せない、勇気が出せないという人にとっては、いいきっかけをつくれる月になると言えます。ビクビクして何もしようとしないというのが、いちばんのNG行動です。行動を起こすときのポイントは、「アバウトな計画性」を持つこと。三碧木星はもともと計画的に動くことが苦手です。綿密に計画を立てなくてもよいので、**動く前に少し頭の中でシミュレーション**をしてみましょう。例えば、ショッピングに行くのであれば、「何が欲しいのか」「どこの店に行くのか」を出かけるまでにまず思い浮かべてみてください。お店の近くについたら、「どんな順番でお店をまわろうか」「ついでにすませられる用事はないか」など、もう少し深く詰めていくと、予定通りの買い物ができるはずです。

三碧木星の弱点は人の話を聞くのが苦手なこと。しかも、2022年は五黄土星の年なので、実力のない人を見下す悪い癖が出ます。謙虚さが足りないのも五黄土星の弱点なので、今月はいつも以上に他人からのアドバイスを素直に聞けなくなってしまいます。

ですから、10月は**「人の話をしっかり聞く」**ということがテーマになります。特に上司、先輩、親など目上の人からの助言は、注意して聞くようにしましょう。あなたが必要としているヒントを得られるはずです。どうしても行動が先走ってしまいがちな月になりますので、物事を進める前に、「まず何から手をつけるべきか」「どのように進めるべきか」などを先輩に聞いてみるという習慣をつけるとよいでしょう。

五黄土星の年に成功する人たちには、成功者の真似をするのがうまいという共通点があります。「上司や先輩のいいところを盗んでやる」という気持ちで構いませんので、積極的に意見を求める姿勢をとるようにしましょう。

LUCKY MACHIUKE

ラッキー待受画像

オシャレなスニーカー（や、そのほかの靴）の写真に、東側にターコイズブルーの「23」を入れてください。

九星ごとのワンポイントアドバイス

一白水星

うじうじ悩まないで。

二黒土星

自分メインの気持ちで。

三碧木星

計画的に。

四緑木星

目上の人を立てよう。

五黄土星

おもてなしの
心を持とう。

六白金星

先祖に感謝の気持ちを。

七赤金星

髪のケアをしよう。

八白土星

冷たいものを控えよう。

九紫火星

サポート気質でいこう。

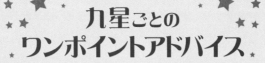

10月の運別 開運ポイント

健康運

行動のもととなる足をケアして

手足の乾燥に注意してください。1月でも紹介しましたが、三碧木星の弱点は手と足。10月は行動を起こすということを大切にしていただきたいので、動き出しの起点となる**足を重点的にケア**するようにしましょう。特に気をつけるべきは膝から下のパーツ。足湯をしてむくみを取る、足の爪を切る、ふくらはぎや足裏のマッサージをする、かかとの角質を取るなどの、ケアをするとよいです。

足のケアをしないと、物事を始めるときの一歩目を間違えてしまいます。三碧木星は猪突猛進。一歩目を間違えても省みることがないので、誤った方向にそのまま突き進んでしまうのです。その結果、「最初からやり直し！」ということになってしまいます。

LUCKY COLOUR
★★★
ラッキーカラー

ターコイズブルー

処理能力が高く、流れがスムーズになります。誠実さがあり、先見性もあるという色でもあります。

LUCKY NUMBER
★★★
ラッキーナンバー

23

行動力に溢れ、コミュニケーション能力が高い数字です。臨機応変、天才型という性格も持っています。ピンチをチャンスに変えることも。

仕事運

確認と報告を忘れずに

上司や同僚だけでなく、後輩も含めどの立場の人にも細かく確認を取るようにしましょう。慣れた仕事でも**確認を怠らないことが成功するためのカギ**になります。「今から○○を始めます」「○○が終わりました」など、仕事の始まりと終わりに報告をする癖をつけるとよいです。社外に出る場合にも「行ってきます」と「戻りました」の報告を。休憩入り、休憩戻りでも同様です。そうした報告をすることでミスが起きにくくなります。つまり、ビジネスの基本とよく言われる報告、連絡、相談（ホウレンソウ）を徹底しようということですね。

また、三碧木星はスピード勝負の月になりますので、準備したことについては「明日やろう」と**あとまわしにしないことも重要**です。

LUCKY ITEM

ラッキーアイテム

デジタルの腕時計

手につけるもので、さらに電子機器ということでデジタルの腕時計がいいです。計画性を身につけるということでもおすすめです。

LUCKY ACTION

ラッキーアクション

早寝早起き

三碧木星の定位置は東で、東と言えば朝日。朝日を浴びることで運気が上がり、朝日が出ているうちに掃除をするとより運気が上がります。

金運

何かを始めるにはまず下調べから

株や為替など投資に向いています。三碧木星は『雷』『電気』のエネルギーを持っているので、ネットを介した暗号資産、ネットバンキングなどとも相性がいいのです。始める準備ができている人は仕掛けどきです。

初心者の人は絶対に無理をしてはいけません。無計画に始めると失敗します。知識がない人は勉強を始めたり、まずは投資用の口座を開設してみるだけでもよいでしょう。ここでも、専門家に意見を聞くという姿勢が大切になります。投資がいいと聞いて、**勢いだけで進めてしまうのはNG**です。

また、必要のないもの、無駄なものにお金を使うと金運が下がってしまいます。買い物をするなら、電化製品が◎。三碧と相性がいいので金運を上げてくれます。

LUCKY FOOD
★★★
ラッキーフード

旬の魚

サンマ、サバなど光り物との相性◎。五黄土星の年なので、刺身など素材のままよりも、煮たり焼いたりひと手間加えることでさらに運気アップ。

LUCKY SPOT
★★★
ラッキースポット

海

海の色と三碧木星は相性がいいです。浜辺に遊びに行って、足だけ水に浸けてみるというのでもよいです。

恋愛運

イベントを利用して恋を発展させて

私が専門にしている琉球風水では、季節の**イベントをしっかりと楽しむことを大切に**しています。

10月の大きなイベントと言えば、ハロウィンですね。気になる人がいるなら、この日に向けて関係を発展させていくといいです。三碧木星は、「嫉妬心が強い」「束縛癖がある」「色気が足りない」という特徴があり、決して恋愛に強い九星ではありません。告白をしても冗談と捉えられがちなところがあります。ハロウィンというイベントの力を借りて気持ちを伝えるのがいいです。

また、嫉妬心が強くなってしまう時期でもありますので、パートナーがいる人は、自分が相手を束縛していないか省みることが必要です。そのまま突き進んでしまうと別れの原因になってしまいます。

LUCKY DAYS

ラッキーデー

13、29、31日

31日はハロウィンですね。三碧木星は海外との相性もいいです。ハロウィンのような海外のイベントを楽しむと運気が上がります。

CLEANING PLACE

掃除するとよい場所

東、電化製品

朝日が出ているうちに、リモコンを綺麗にするなどでもいいでしょう。

10月

神無月

庚戌・三碧木星

★＝ラッキーデー
×＝アンラッキーデー

日	曜日	干支	九星	旧暦	六曜	朔弦望	メモ
1	土	丁亥	七赤	9/6	友引		
2	日	戊子	六白	/7	先負		
3	月	己丑	五黄	/8	仏滅		
4	火	庚寅	四緑	/9	大安		
5	水	辛卯	三碧	/10	赤口		
6	木	壬辰	二黒	/11	先勝		
7	金	癸巳	一白	/12	友引		
8	土	甲午	九紫	/13	先負		
9	日	乙未	八白	/14	仏滅		
10	月・祝	丙申	七赤	/15	大安		
11	火	丁酉	六白	/16	赤口		
12	水	戊戌	五黄	/17	先勝		
13	木	己亥	四緑	/18	友引		★
14	金	庚子	三碧	/19	先負		

日	31	30	29	28	27	26	25	24	23	22	21	20	19	18	17	16	15
曜日	月	日	土	金	木	水	火	月	日	土	金	木	水	火	月	日	土
干支	丁巳	丙辰	乙卯	甲寅	癸丑	壬子	辛亥	庚戌	己酉	戊申	丁未	丙午	乙巳	甲辰	癸卯	壬寅	辛丑
九星	四緑	五黄	六白	七赤	八白	九紫	一白	二黒	三碧	四緑	五黄	六白	七赤	八白	九紫	一白	二黒
旧暦	/7	/6	/5	/4	/3	/2	10/1	/29	/28	/27	/26	/25	/24	/23	/22	/21	/20
六曜	仏滅	先負	友引	先勝	赤口	大安	仏滅	先勝	赤口	大安	仏滅	先負	友引	先勝	赤口	大安	仏滅
朔弦望																	
メモ	★		★				★										

11月の運勢◆総合運◆

財布の紐を締めるなどの我慢が運気アップへ

暦は**辛亥二黒土星**の月になります。二黒土星は母性が強く、誰かを育てたり、サポートしたり、縁の下の力持ちとして活躍する性質を持っています。また、慎重、面倒見がいい、節約の心がある、物持ちがいいなどの特徴があり、自然界で表すと『土』のエネルギーを持っています。

物持ちがよく、節約上手なところが二黒土星の長所なのですが、11月の干支である亥は、古いものを捨てるのに前向きな性格をしています。そもそも、２０２２年は五黄土星の年なので断捨離が得意。このふたつの要素が重なって、11月は古いものを捨てて新しいものに買い替えたいという欲求が強く表れる月になります。

同じ二黒土星でも、2月は寅の暦だったので「変化」を求める月でした。変化のためにお金を使ってもよい月だったのです。しかし、11月は**しっかりと財布の紐を締めなければなりません**。なぜなら、翌月12月はどうしても出費が激しい時期になってしまいますので、ここでしっかりと我慢しないと止まらなくなってしまいます。11月をいかに過ごすかが、12月の運気を大きく左右してしまいます。

では、どのようにしたら出費を抑えることができるのか。判断基準は「迷ったら捨てない」です。よほど古くてもう使えないものはその限りではありませんが、迷っているものは手放さないと決めておくと浪費せずにすみます。買い替えようかと思ったときに「これはまだ使えるかな」と、一度立ち止まって考える癖をつけると、欲求に負けないで過ごすことができます。

この月は、金銭面のみならず、基本的に**我慢をすることで運気が上がる月**になっています。五黄土星の年の辛亥の暦なので、二黒土星という辛抱強い九星ではあるのですが、どうしても投げやりになったり、集中力が途切れたりしてしまいがちです。年末が近づいているため、「残すところ1ヵ月だし……」という甘えの気持ちが出てしまうのも、我慢できないひとつの要因になっているかもしれません。そこでおすすめするのが「自分の中で小さな目標を立てる」という方法です。大きすぎる目標を立てると、ゴールが見えなくなってしまいます。そのため、心が折れたり、フラストレーションが溜まったりするのです。達成可能な小目標をひとつずつクリアしていくことで、充実感も得られますし、集中力も途切れずに続けられます。自分が折れてしまわないように**自分自身をサポートするという気持ち**で、この月は過ごすとよいでしょう。

我慢の月ということに関連して言うと、この月は**冒険することを避けたほうがよい**です。どちらかというと定番を大切にして過ごすと運気が上がります。例えば、食事をするとき。まったく知らない新しい店に行くよりは、勝手知ったる馴染みの店に行くほうがよいです。11月は、先が読める行動をして、予定通りに過ごすという「計画的な生活パターン」を作ると、運気が安定します。

ちなみに、ケンカをしている相手がいたら、この月に仲直りをするとよいです。二黒土星の持っているサポート気質や面倒見のよさ、相手の力になろうとする姿勢のおかげで、相手との関係が良好になります。ケンカの仲裁に入ることにも向いていますよ。困っている仲間を見つけたら、「仲裁に入ろうか？」と声をかけてあげるのもよいでしょう。

LUCKY MACHIUKE

ラッキー待受画像

和柄の着物が写った写真に、南西側にグリーンで「25」を入れてください。

九星ごとのワンポイントアドバイス

一白水星

人に合わせすぎ
ないように。

二黒土星

いろいろと
準備をしよう。

三碧木星

自己投資を
意識しよう。

四緑木星

夜ふかしは
ほどほどに。

五黄土星

持病のケアをして。

六白金星

身なりを
意識しよう。

七赤金星

本屋へ行こう。

八白土星

迷ったら諦めよう。

九紫火星

直感を信じて。

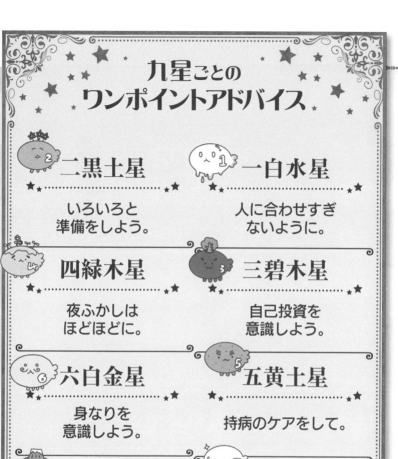

健康運

全体的に弱りがち 肌、お腹、冷えに注意

二黒土星の月の弱点は肌。ニキビや乾燥による肌荒れに注意して**肌の調子を整える**必要があります。化粧をしたまま寝てしまったり、スキンケアを怠ったりすると、健康運も下がってしまいます。気を遣うのはフェイスケアだけではありません。寝る前に脚や腕、お腹や首などにボディクリームを塗ってケアに努めましょう。

また、亥はお腹が弱点になっています。便秘や下痢だけではなく、消化不良にも注意しましょう。食べすぎ、飲みすぎのせいで胃に負担をかけるようなことは避けるように。本格的に寒くなる時期でもありますので、**冷えにも十分注意**してください。冷えは万病のもとです。

LUCKY COLOUR

ラッキーカラー

グリーン

平和的、安定、無茶をしないという特徴があります。イライラしやすかったり、忙《せわ》しない人にグリーンはおすすめの安らぎの色です。

LUCKY NUMBER

ラッキーナンバー

25

「計画的」「確実」「計算ができる」という数字。自分の目標をかなえるために我慢ができるという特徴もあるので、11月にはピッタリです。

仕事運

コツコツと丁寧に積み重ねて

総合運でも話しましたが、**冒険はしないように**してください。「基本に忠実」という言葉を忘れずに、自分のやるべきことを焦らずじっくり進めていきましょう。コツコツと積み重ねることで、成果が出る月になっています。

仕事に対する集中力を持続させるためには、前述した通り、達成可能な小目標を立ててクリアしていく方法もおすすめですが、あらかじめ段取りを紙に書き出しておくというのも効果的です。そのリストをひとつずつ潰していけば、最終的にゴールにたどりつけます。この方法は着実性のある二黒土星の時期にぴったりな方法だと思います。

二黒土星の月は、母性が強まる月でもありますので、先輩や後輩などのサポートにまわるのも◎。「そこまでする必要ある？」というところまで**丁寧にケアするのも吉**です。

LUCKY ITEM
★★★
ラッキーアイテム

扇子、手ぬぐい

和の小物を取り入れましょう。和柄のハンカチやハンドタオルなどでもOKです。

LUCKY ACTION
★★★
ラッキーアクション

料理

漬物をつくったり、料理をすると運気アップ。キッチンまわりを綺麗にするのも◎。ガーデニングや家庭菜園などの土いじりとも相性がいいです。

金運

無理のない範囲で貯金と節約に挑戦

「ザ・節約」という月にしましょう。具体的に言うと予算が10万円あるとしたら、10万円以内に抑えることは当たり前。さらに、それを5万円に抑えて、余りが出るような節約の仕方をするとよいです。

金運を上げるには貯金する意識を強くすることが必要です。一気にたくさんの金額を銀行に預金するのは大変なので、コツコツと貯金箱に100円玉を貯めていくというレベルで構いません。週に2回、**少額でいいので貯金していくと、お金を貯める習慣がついて節約の意識が高まります**。

自炊して節約するのも◎。二黒土星には母性、お母さん気質という性格があるため、手料理との相性がいいのです。お昼ご飯は出先でコンビニ弁当を買うよりも、お弁当をつくって持っていくほうが、金運も健康運も上がります。

LUCKY SPOT

ラッキースポット

日本庭園

日本の風情が感じられる場所で、緑茶を飲むとよいでしょう。

LUCKY FOOD

ラッキーフード

梅干しなどの漬物

二黒土星は和食との相性がいいため、手間をかけてつくられ、ご飯のおともという役割はサポート気質の二黒土星にも合っています。

恋愛運

デートは料理がキーポイント

手堅い恋愛をすることをおすすめします。安心安全を最優先にしましょう。そのため、出会ったばかりの相手ではなく、学生時代からの友人や、会社の同僚など素性のはっきりしている相手と恋愛したほうがうまくいきます。信頼できる人からの紹介やお見合いなども◎。

二黒土星の時期に恋愛運を上げる方法は、**相手の胃袋を掴む**こと。手料理をつくってあげるというのがいちばんですが、まだ付き合ってもいない人が相手だとなかなかハードルの高いことだと思います。そこで、一緒に料理をつくってみるというのはいかがでしょうか。そもそもお互いの家に行き来するような仲ではないというのであれば、自分の出身地か相手の出身地の郷土料理や名物料理を食べに行くというのもよいです。

LUCKY DAYS

ラッキーデー

16、24、30日

これらの日は、ついお金を使ってしまいやすい日ですが、グッと堪えて貯金するとラッキーデーに。少額で構いませんので、貯金しましょう。

CLEANING PLACE

掃除するとよい場所

南西、キッチン

食器用のスポンジを替えたり、シンクを磨いたりするとよいです。

11月

霜月

辛亥・二黒土星

★＝ラッキーデー
×＝アンラッキーデー

日	曜日	干支	九星	旧暦	六曜	朔弦望	メモ
1	火	戊午	三碧	10/8	大安		
2	水	己未	二黒	/9	赤口		
3	木・祝	庚申	一白	/10	先勝		
4	金	辛酉	九紫	/11	友引		
5	土	壬戌	八白	/12	先負		
6	日	癸亥	七赤	/13	仏滅		
7	月	甲子	六白	/14	大安		
8	火	乙丑	五黄	/15	赤口		
9	水	丙寅	四緑	/16	先勝		
10	木	丁卯	三碧	/17	友引		
11	金	戊辰	二黒	/18	先負		
12	土	己巳	一白	/19	仏滅		
13	日	庚午	九紫	/20	大安		
14	月	辛未	八白	/21	赤口		

日	30	29	28	27	26	25	24	23	22	21	20	19	18	17	16	15
曜日	水	火	月	日	土	金	木	水・祝	火	月	日	土	金	木	水	火
干支	丁亥	丙戌	乙酉	甲申	癸未	壬午	辛巳	庚辰	己卯	戊寅	丁丑	丙子	乙亥	甲戌	癸酉	壬申
九星	一白	二黒	三碧	四緑	五黄	六白	七赤	八白	九紫	一白	二黒	三碧	四緑	五黄	六白	七赤
旧暦	/7	/6	/5	/4	/3	/2	11/1	/30	/29	/28	/27	/26	/25	/24	/23	/22
六曜	大安	仏滅	先負	友引	先勝	赤口	大安	先負	友引	先勝	赤口	大安	仏滅	先負	友引	先勝
朔弦望																
メモ	★						★						★		★	

12月の運勢◆総合運◆

体調管理に気をつけて一年の締めくくりを

暦は**壬子一白水星**の月になります。壬も子も一白水星もすべて「水」と「北」のエネルギーを持っており、それらが集中する時期になるので、冷えには特に注意が必要です。

一白水星は九星の中で、いちばん**健康に弱いという特徴**があります。12月という寒さが際立つ時期であり、忘年会などでお酒を飲む機会が増える月でもあるので、どうしても体を冷やしてしまいがち。健康が運気に直結する月なので、体調管理には十分気をつけてください。また、一白水星は、**物事を曖昧にしてしまいがちな傾向**があります。この曖昧さが運気を下げてしまう要因になります。悩めば悩むほど複雑な状況に陥ってしまうので、常に「シンプルイズベスト」という言葉を念頭において、行動しましょう。**イエス、ノーをはっきりさせる**ということが運気を上げるカギになります。２０２２年は五黄土星の年ですので、とりわけ明確な判断をする必要があるのです。
また、この月は誤解が生じると、根に持たれやすいという特徴があります。曖昧な返事や言葉足らずになることで、「言った」「言わない」というようなトラブルが発生しやすいです。時間をかけていいので、相手が理解するまでしっかりと伝えるという姿勢を努めましょう。ポイントは、**メモとして文字や音声に残す**ようにすること。メールなどの文面で相手とのやりとりを残しておくとトラブルを回避しやすいです。コミュニケーションで気をつけなければならないのは、**感情的にならない**こと。一度カッとなってしまうと止まらなくなってしまいます。相手に期待を寄せている場合は、裏切られたときの怒りが数倍に膨れ上がってしまう傾向があります。

お金の使い方にも注意が必要です。水のエネルギーが3つ重なっている月なので、気を緩めると〝ダダ漏れ〟してしまう傾向があります。**ギャンブルは厳禁**です。ただ、年末の宝くじは買ってもいいかもしれません。水のエネルギーは、流れ出てしまうだけではなく、流れが入ってくるという特徴も併せ持っています。大きなものが入ってくる運気も持っているので、あえてお金に関する楽しみをつくるなら、宝くじに絞るようにするとよいでしょう。

12月は年末ということもあり、忘年会やクリスマス、大晦日などイベントが多い時期です。無計画に過ごしてしまうと、毎日遊び歩くことになりかねません。遊びごとばかりにお金をかけてしまうと運気が流れ出してしまうので、**予め参加するイベントを決めておく**と、余計な出費をせずにすみます。「今日、忘年会があるんだけどこない？」という急な誘いは断ったほうがよいです。お酒のトラブルがついてまわるのが壬子、一白水星の時期ですので、気の緩みと財布の紐の緩みには注意が必要なのです。

お金をかけるとすれば、**健康維持**がよいでしょう。先に言った通り、一白水星は健康運がすべての運気に直結しています。健康を崩すと全体の運気が下がってしまうので、常に健康に対する意識は忘れてはなりません。その**健康を維持するためのポイントは睡眠**。睡眠環境が整うように、お風呂やベッドなどの寝具に気を配るとよいでしょう。

LUCKY MACHIUKE

ラッキー待受画像

ずっしりした鉄アレイの写真に、北側にオレンジ色でラッキーナンバーの「18」を入れてください。

九星ごとのワンポイントアドバイス

二黒土星

上司からの誘いは
受けるようにしよう。

一白水星

いつも以上に
健康に注意しよう。

四緑木星

家族とのコミュニ
ケーションをしっかり。

三碧木星

お金の使い方に
注意して。

六白金星

知識を身につけよう。

五黄土星

口は災いのもと。

八白土星

勢いに乗ってみよう。

七赤金星

喉のケアをしよう。

九紫火星

ケンカは避けて。

12月の運別 開運ポイント

健康運

規則正しい生活と睡眠時間を確保

とにかく冷えに注意することです。冷えに繋がることは避けたほうがよいでしょう。

睡眠不足も大敵。**睡眠時間をしっかりとつくり、自身にとってベストな睡眠時間を確保**するようにしましょう。眠れないからといって、お酒や薬に頼ってしまわないように。「お風呂に入って体を温める」「ベッドに入ったらスマホは触らない」など寝るための準備を整えて、「24時にはベッドに入る」など規則的な生活リズムをつくることで、適切な睡眠時間が自然に取れるようになります。

繰り返しになりますが、この月は健康運がすべての運気に繋がっています。体調を崩したまま2023年を迎えるということがないように、注意しましょう。

LUCKY COLOUR

ラッキーカラー

オレンジ

暖かみのある色で、陽気さや親しみやすさがあります。冷える色はあまりよくありませんので、暖色のオレンジがおすすめです。

LUCKY NUMBER

ラッキーナンバー

18

メンタルに強く、家族を守る、健康を守るという数字です。もっとも健康運に強い数字でもあります。

仕事運

流れに乗って一気に片付けよう

曖昧にしないことが大事です。ダラダラと仕事をしないように、**時間を決めて終える**ようにしましょう。

年末ということで、「今年の仕事は年内に終わらせてしまおう」という気持ちになるのは自然なことです。しかし、進み具合がよくないのであれば、無理にすべてを終わらせようとしなくても大丈夫。

ただ、水のエネルギーを持つ一白水星の月なので、流れを摑んだら一気に進むという性質があります。そういうときには流れに乗ってしまうのもあり。集中力と気持ちがピタリとハマったときには、気合いを入れて取り組みましょう。**大切なのは自分が流れに乗っているのかどうかを冷静に見極める**こと。心身の健康を保つことで、正しく判断する能力が高まります。

LUCKY ITEM

ラッキーアイテム

使い捨てカイロ

体を冷やさないために持ち歩くとよいでしょう。

LUCKY ACTION

ラッキーアクション

日記をつける

曖昧にしないということから、その日にあったことを記述すると運気が上がります。

金運

イベントは楽しもうでも管理はきっちり

不本意なお金の使い方をしないよう注意しましょう。いちばんの無駄遣いは、自己管理ができていなかったせいで、通院・入院することです。もともと通院しているものについては、しっかりと治療を続けてください。これは、健康管理に含まれている通院なので、不本意なものではありません。

年末は忘年会やクリスマスなどイベントが目白押しで、出費が増えてしまいます。琉球風水としては、楽しいことにお金を使うのはよいことなので、満喫してもらいたいと思っています。ただ、冷静に考えると、中には参加しなくてもいいものもあるのではないでしょうか？「付き合いだから」と無理をすると、体調を崩しかねないですし、**不本意なものにお金を使うと金運は下がってしまいます**。ときには断ることも必要だと肝に銘じておきましょう。

LUCKY SPOT

ラッキースポット

寝具やお風呂グッズのあるお店、銭湯、温泉、サウナ

健康運を上げるには、お風呂や睡眠環境を整える必要があるので、寝具コーナーのある量販店やお風呂施設が運気を上げてくれます。

LUCKY FOOD

ラッキーフード

ほうれん草や小松菜、鍋料理

鉄分、亜鉛を含んだ食材が◎。旬のほうれん草や小松菜などがおすすめ。鍋料理、ラーメンなどスープに浸っている食べ物もよいです。

恋愛運

見極めることが大切
お酒には注意！

ここでも冷えは大敵。恋愛の冷えとは感情が冷めることを指します。恋人がいる人は、「この人と、このまま一緒にいていいのか」と悩みやすい時期になっています。

さて、壬子および一白水星には、本来的に色気が備わっています。子には子宝に恵まれやすいというエネルギーがあるので、一夜の過ちが起こりやすい時期と言えるでしょう。なので、アルコールには注意が必要。お酒の勢いで失敗をしてしまいがちです。ここでも**キーワードとなるのは「健康」**。体調がしっかりしていないと相手を見る目が鈍ってしまいます。心が健康でないと、「この人でいいや」と流されてしまいます。男女問わず色気抜群の月ではありますので、しっかりと相手を見極めていい恋愛をしてください。

LUCKY DAYS

ラッキーデー

24、25、31日

12月はクリスマス・イヴ、クリスマス、大晦日です。イベントはしっかりと楽しんでください。

CLEANING PLACE

掃除するとよい場所

北、風呂場

12月は大掃除の時期。全体的に綺麗にするのはもちろん、水まわりを徹底的に掃除することで、来年に向けて運気が上がっていきます。

12月

師走

壬子・一白水星

★＝ラッキーデー
×＝アンラッキーデー

日	曜日	干支	九星	旧暦	六曜	朔弦望	メモ
1	木	戊子	九紫	11/8	赤口		
2	金	己丑	八白	/9	先勝		
3	土	庚寅	七赤	/10	友引		
4	日	辛卯	六白	/11	先負		
5	月	壬辰	五黄	/12	仏滅		
6	火	癸巳	四緑	/13	大安		
7	水	甲午	三碧	/14	赤口		★
8	木	乙未	二黒	/15	先勝		
9	金	丙申	一白	/16	友引		
10	土	丁酉	九紫	/17	先負		
11	日	戊戌	八白	/18	仏滅		
12	月	己亥	七赤	/19	大安		
13	火	庚子	六白	/20	赤口		
14	水	辛丑	五黄	/21	先勝		

日	31	30	29	28	27	26	25	24	23	22	21	20	19	18	17	16	15
曜日	土	金	木	水	火	月	日	土	金	木	水	火	月	日	土	金	木
干支	戊午	丁巳	丙辰	乙卯	甲寅	癸丑	壬子	辛亥	庚戌	己酉	戊申	丁未	丙午	乙巳	甲辰	癸卯	壬寅
九星	六白	七赤	八白	九紫	一白	二黒	三碧	四緑	五黄	六白	七赤	八白	九紫	一白	二黒	三碧	四緑
旧暦	/9	/8	/7	/6	/5	/4	/3	/2	12/1	/29	/28	/27	/26	/25	/24	/23	/22
六曜	友引	先勝	赤口	大安	仏滅	先負	友引	先勝	赤口	先負	友引	先勝	赤口	大安	仏滅	先負	友引
朔弦望																	
メモ	★						★	★									

おわりに

暦は天の気（十干）、地の気（干支）、人間の気（九星気学）からなる暦をもとに日々変化していく運気だと最初に話しました。もっとも身近な暦といえば、カレンダーですね。カレンダーに書かれている暦は、1月から始まり、12ヵ月をかけて四季を伴って一周し、また1月がやってきます。九星もまた9年をかけて一周するという共通点があります。九星は馴染みが薄いかもしれませんが、カレンダーのようなものだと思って受け取ると身近に感じられるかもしれません。

九星は個性豊かな9つの星から成り立っているわけですが、それぞれの個性を季節の変化のようなものとして捉えると、分かりやすいと思います。季節によって人は過ごし方が変わります。夏の過ごし方は、冬のそれとは違いますよね。夏の服装のまま、冬に入ってしまったら体調を崩してしまいます。九星には遊びが得意な星もあれば、仕事が得意な星もあります。自分で決断をするのが得意な星もあれば、優柔不断な星もあります。それぞれ過ごし方が変化するので、夏服から冬服に着替えるように、暦に合わせて過ごし方を変えていくのは、自然とともに生きる人間にとっては自然なことなのです。

少しだけ具体的なエピソードを話しましょう。以前に占った人に、

50代の会社経営者の男性がいました。七赤金星に属している人でした。その人は、典型的な七赤金星の人物で、感覚的で、思い立ったら行動を起こす、せっかちなタイプでした。せっかちで、何事も早く仕掛けてしまうがために出費がかさんで、資金面で苦戦をしていたのです。そのときの七赤金星の暦を調べると、準備をすべき時期にありました。彼は仕掛けるタイミングが少し早かったのです。そこで、「いまは少し我慢をして、来年のために準備する年ですよ」と、アドバイスをしたところ、翌年、不動産売却に成功し、資金が安定したのです。

このように、九星にはそれぞれの性格があり、そのタイミングでなすべき行動があります。それを知らずに本能のまま過ごしてしまうと我慢がきかなかったり、仕掛けるべきタイミングを逃してしまったりします。自分の九星を知り、いま自分がどう過ごすべきかを知ることで、自分にとっての機会を掴むことができるのです。

本書をヒントに、九星気学を人生に取り入れることができたなら、メリハリのある日常が生まれ、生活は変化に富み、豊かなものになるのではないかと思います。まずは無理せず、可能な範囲で取り入れてください。皆さんが素敵な一年を過ごされることを祈っています。

シウマ

1978年生まれ、沖縄県出身。琉球風水師である母の影響で琉球風水を学び始めたのち、姓名判断や九星気学などを基にした独自の「数意学」を考案。延べ10万人以上を鑑定、多くの企業経営者、著名人からの支持を得ている。主な著書は『琉球風水志シウマが教える 身の回りをパワースポットに変える「数字の魔法」』『琉球風水志シウマが教える あなたの運命をつかさどる「数字の暗号」』（いずれも講談社）、『シウマさんの琉球風水開運術！』（KADOKAWA）など。『突然ですが占ってもいいですか？』（フジテレビ系）など多くのメディアやイベントへの出演、YouTubeチャンネル『琉球風水志シウマの「Let's開運」』で動画配信も行っている。

琉球風水志《りゅうきゅうふうすいし》シウマが教《おし》える 2022年《ねん》あなたの運勢《うんせい》

2021年11月22日　第１刷発行
2022年１月12日　第３刷発行

著者 —— シウマ

発行者 —— 鈴木章一

発行所 —— 株式会社 講談社
〒112-8001
東京都文京区音羽2-12-21
TEL　編集　03-5395-3400
　　　販売　03-5395-4415
　　　業務　03-5395-3615

KODANSHA

印刷所 —— 大日本印刷株式会社
製本所 —— 大口製本印刷株式会社

STAFF

株式会社 SUPER MIX
構 成　山下悠介
キャラクターデザイン　奥田けい
イラスト　とみたかえり
ブックデザイン　市原シゲユキ
編 集　荒井風野
プロデュース　成澤景子

本書のコピー、スキャン、デジタル化等の無断複製は著作権法上での例外を除き禁じられています。本書を代行業者等の第三者に依頼してスキャンやデジタル化することは、たとえ個人や家庭内の利用でも著作権法違反です。

落丁本・乱丁本は購入書店名を明記のうえ、小社業務宛にお送りください。

送料小社負担にてお取り替えいたします。

なお、本書の内容についてのお問い合わせはアーティスト企画部宛にお願いいたします。

定価はカバーに表示してあります。

©SHIUMA 2021 Printed in Japan
ISBN978-4-06-525902-3

著者
発行者